富足哲学

经济思维决定的生活

哲社探照灯

彭冬儿 / 著

人民文学出版社　天天出版社

作为序言

第一封信
不要羞于谈"钱"   1

第二封信
做一个懂得取舍的人   15

第三封信
做自己喜爱并适合做的事   27

第四封信
为自己增值,过有效率的人生   39

第五封信
学会理性分析外界信息   53

目 录

第六封信
保持与自我对话的习惯　　　　　　　65

第七封信
财富的积累需要细水长流　　　　　　79

第八封信
越美好的地方，去路就越危险　　　　91

第九封信
乐于给予的人走得更远　　　　　　　105

第十封信
财富要取之有"道"　　　　　　　　117

作为序言

球球：

　　我亲爱的外甥女。从见到你肉乎乎的脸蛋、童花头下面一双乌黑发亮的眼睛起，我就感受到了一种奇妙的缘分，仿佛在很久以前，就与你相识。古灵精怪的你已经给我们带来了八年，也就是两千多天的快乐而奇妙的时光。

　　我们俩，一个大小孩和一个小大人，手拉着手，一同去探险、去游历、去体悟、去成长。你亲昵地唤我作"冬冬姨"，像只小尾巴跟在我后面；而我酷酷地叫你"球"，像匹小马驹昂首跑在前面。有时，我们也手牵手并排走，说些不让你妈妈听到的悄悄话。冬天，我们一起去奥森滑雪；夏天，我们一同去南锣鼓巷撸猫，步调高度一致。希望在接下来的十年、二十年，甚至更远的将来，我们都能结伴同行，保持平等的对话，分享人生旅途中的点点滴滴。

　　作为金融学专业出身的冬冬姨，常常喜欢用经济学、管理学和营销学的视角看待事物,并在其中获得了无限乐趣,收获了宝贵的经验。现在,冬冬姨要把过去十几年独自在外闯荡的见闻和经验分享给你。

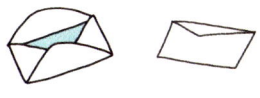

第一封信

不要羞于谈"钱"

球球：

还记得今年春节吗？我们团聚在太奶奶家过年。你穿着簇新的衣服，一进门就给家里每个人送上吉祥话，节日的喜庆气氛在你的小脸上绽放着。

"快给宝宝红包！"几个姨奶奶听了你的吉祥话，脸上像涂了蜂蜜似的，又甜又亮，赶忙匆匆进房间，把早就准备好的、属于你的大红包，塞到你小小的手里。我和越越姨也不甘示弱，分别给你包了红包。93岁的太奶奶更是兴致高昂，只见她笑眯眯走进房间，从"小金库"里抽出一沓红票子，卷进红包，径直塞到你的口袋里。

你一面点头道谢,一面打开红包,查看里面压岁钱的数量。检查完毕后,你露出了惊叹的表情,把一大把红包紧紧攥在手里,仿佛这是你来之不易的财宝。

我在一旁看着,禁不住暗自发笑:这么小的孩子,就知道紧张钱了?原来,我们和钱打交道,从很小的时候就开始了啊。

那钱到底是什么呢?是你红包里放着的红色纸币吗?是妈妈微信钱包里的一串数字吗?看似简单的问题,答案却出人意料地复杂。冬冬姨知道你对历史有着浓厚的兴趣,每次读历史故事绘本,都如痴如醉。那我们今天,就来谈谈钱的历史吧!

我们常说的"钱"大多指的是纸币,可是在纸币出现以前,还有很多其他形式的货币帮我们换取想要的东西。货币的发展分为好几个阶段,这是一个漫长的演化过程。

我们首先来讲第一个阶段:以物换物。

你一定在故事书里读过古埃及,你还给我讲过有关金字塔和木乃伊的故事,记得吗?作为尼罗河流域古文明的发源地,古埃及被称为四大文明古国之一。大约在9000多年以前,那里的人采用一物换一物的方法获取自己想要的东西,也就是以物易物。比如说:用一个苹果来换一只梨,我有一个苹果,你有一只梨,我想要你的梨,而你想要我的苹果,那我就拿苹果跟你换梨。或者我可以用一只小鸡换你的一捆稻子。那时候，人们的生活很简单，用一件别人想要的东西换取自己想要的东西，就可以完成交换了，这就叫以物易物。

可是，你仔细想想？这种交换方法有什么问题？是不是每次都一定成功呢？如果我想用一只小鸡换你的一捆稻子，而你想要的是一只小狗，不愿接受我的小鸡作为交换，那可怎么办？当时的人们也很聪明，在遥远的大西洋、印度洋和非洲一带，他们就用自己拥有的宝贝：比如贝壳或者鲨鱼的牙齿作为交换的物件。这样，钱币就发展到了第二个阶段：贝壳当钱币。

在当时，贝壳和鲨鱼牙齿都是稀罕物，人人都想要。人们可以用贝壳换取很多东西，可以换小鸡、换小猪、换苹果，等等。但今天我们可以拿贝壳当钱用吗？显然不能。想想看，如果你去一趟海边，在沙滩上捡回小半桶贝壳。再把捡来的贝壳拿到玩具店，去换玩具，别人会同意与你交换吗？我想玩具店的阿姨会笑着摸摸你的小脑袋，让你别再恶作剧啦。

为什么贝壳当钱币的方法逐渐被淘汰了呢？因为这个法子有不少问题。首先，贝壳有大、有小，还有各种各样的，那用多大的贝壳去换小猪，又用多大的贝壳去换苹果，或者小鸡呢？所以，人们很难决定换回来的东西到底划不划算。而且，既然你能去海滩上捡贝壳，那其他人自然也可以去捡。贝壳不再是稀罕物了，大家也就不愿再把贝壳作为交换物品的工具了。

不过聪明的人类很快又发明了解决办法：可以用金属取代贝壳。这就进入了货币发展的第三个阶段：金属货币。古代中国正是世界上第一个使用金属来换取物品的地方！

和贝壳相比，金属无论长什么形状，人们都可以用金属的重量决定它能换多少物品，有什么价值。可是你想象一下，人们每次出去换物，身上都要背着一大袋沉甸甸的金属，还要随身带一杆秤去称重，是不是很累呢？而且，不同诸侯国的金属币形状不同，有的像铲子，有的像小刀。兑换标准也不同。计算起来，头都大了！这时候，一位重要的历史人物用了十年时间结束了诸侯割据纷争的局面，他就是秦始皇。随着六国的统一，秦始皇觉得钱币也应该统一，这样大家都方便生活。从那时候开始，中国的金属货币终于有了统一的规格。

在中国以外的其他国家，比如土耳其和希腊，人们也使用金子和银子打造成的货币换取物品。为了防止有人伪造，国王通常会在金、银做的硬币上印上标志。不过，拿贵重的金属当钱也出现了问题——地球上的贵重金属资源有限，铸造成本也高。这怎么办呢？

你瞧，我们人类还是很有智慧的。接下来就到了钱币发展的第四个阶段：纸币。

随着造纸术和印刷术的发明，在我国宋朝就出现了纸币，元朝更是早期纸币的鼎盛时期。那时候还有一位很厉害的欧洲航海家，叫马可·波罗，他周游世界。看我们中国的纸币很不错，就把它带去了欧洲，这样纸币就在全世界范围里流传开来。

不过，即使是纸币，好像也已经学会"隐身术"了。你注意到了吗？现在大人们去买东西，喜欢用银行卡、支付宝或者微信付款，而不再随身携带大量的纸币了。这是货币发展到第五个阶段了吗？

先给你讲个小故事吧。

在西太平洋美丽的深蓝色大海上，有几座紧密排列着的岛屿，叫作雅浦群岛。雅浦岛附近没有金属。所以，在距今600—500年前，岛上的原住民曾经使用巨大的石头作为货币，完成交易。这些石头是从距离雅浦岛400千米的帕劳岛上切割而来的。勇敢的水手们在巨石中间打孔，乘独木舟或者木筏运回雅浦岛。这些石头有些比车轮还大，非常沉重。有时，为了运送巨大的石头回岛，水手们甚至会在汹涌的波涛中丧生，用来做货币的石头也随之沉入海底。不过，这并没有影响石币作为物品交换媒介的功能，因为石币的所有权是公开的，每一笔交易都有记录。

如果一个人想用一块车轮大小的石币买房子，他不需要自己把沉重的石币运过来，只要做个记录表示石币的所有权已经发生转移即可。曾经在雅浦岛上有个富翁，他拥有的许多巨型石币不幸沉到了海底。可这一点关系都没有。即使沉入海底的石币看不到，摸不着，但是雅浦岛上的居民坚定地相信富翁拥有的石币就在海底，所以他的财富仍然被人们所承认。

这跟银行卡、支付宝或者微信支付的道理是不是有些类似呢？我们把自己的钱存到银行里，卖东西的人看不到也摸不着我们的钱，但这不会影响我们购物。因为银行卡、支付宝和微信钱包准确记录了钱的所有权由买东西的人转给卖东西的人这一过程。只要大家都相信这些平台的记录是准确和公正的，那"隐形"的钱就可以继续发挥交换媒介的作用。由此可见，银行卡、支付宝或者微信支付并不是一种新型的货币，只是利用现代科技，便捷了人们生活的支付方式而已。

试想一下，10年之后，钱会变成什么样子？我们还会使用纸币吗？会有其他形式的货币出现吗？其实，随着科技的迅猛发展，货币正在进行一场翻天覆地的变革。等你上大学的时候，也许纸币已经在世界上许多国家消失了。这是因为一种叫"区块链"的技术正在获得越来越广泛的应用。咱们可以把未来货币发展的这一阶段，也就是第五阶段，称作数字货币。

你一定在想什么是区块链？冬冬姨给你举个小例子。假如，你想从饰品店买一串项链，付给老板20块钱纸币。可是，饰品店老板收了钱却反悔了，不但没把项链给你，还说你根本没有付过钱。这个时候，麻烦就出现了。因为你使用的是纸币，如果没有第三个人看到你付钱，或者商店里没有录像设备，谁能证明你确实付钱了呢？但是，如果商店里有其他十几个人一起记录下你已经付钱买项链这件事，老板就没有办法再耍赖了，因为这已经是大家公认的事实，项链的所有权已经归你，没有一个人可以随意篡改结果。这就叫"分布式记账"。不是一个人在记录，而是许许多多的人一起在记录、验证，每条信息都是透明的、可溯源的。区块链就是一个基于"分布式记账"原理产生的，涉及数学、密码学、互联网等很多学科的分布式共享账本和数据库，具有去中心化、不可篡改、公开透明等特点。

数字货币是基于区块链技术开发的电子货币，比纸币更加安全、高效、便捷。中国是世界上最早研发数字货币的国家之一。早在2016年，人民银行就成立了数字货币研究所。2019年底以来，人民银行在深圳、苏州、雄安、成都及2022年北京冬奥会场馆开展数字人民币试点测试。2020年底，在上海、海南、长沙、西安、青岛等城市也开设了数字货币使用的试点区。

哇！科技是不是很神奇啊？我简直迫不及待想要拥有属于自己的"数字钱包"，感受用数字货币来买东西的奇妙了。你

呢？如果过年收到"数字红包",会是什么心情?

好了,我们共同回顾了货币漫长的发展史。这些发展进程,除了咱们国家以外,世界上其他国家也曾经经历过,或者正在经历着。那外国人用的也是人民币吗?我想,你一定已经知道答案了。外国人使用的是外国的钱,也就是我们常听说的外币。

比如,之前冬冬姨在美国留学,用的是美元。你如果想去日本的迪士尼公园玩,需要使用日元购买门票和玩具。同样地,外国人来到我们中国游览故宫,去故宫文创店买纪念品,也要使用我们中国的人民币。所以,在我们出国前,很重要的一点,就是把自己国家的货币兑换成要去的国家的货币,这样才能方便地在国外买东西。而不同国家的货币互相兑换,需要按照一定的比例。货币兑换的比例,在经济学里,叫作汇率。

想象一下,我俩去美国夏威夷度假,你看中了商店里一顶手工编织的草帽。草帽的标签上写着20美元。听上去是不是很便宜?但是仔细想想,20美元相当于多少人民币呢?在我写这封信的时候,美元兑人民币的汇率约为1∶6.5,也就是说我们要拿6块5毛钱人民币,才能换到1美元。那要换20美元,就需要20个6块5毛钱人民币,相当于130元人民币。这样看来,那顶草帽是不是没那么便宜了?

然而,假如我们去的是日本,将会是另外一番景象。你在日本东京的一家居酒屋里点了一碗香喷喷的鳗鱼饭,刚准备狼吞虎咽,却猛然发现账单上写着1000日元。这下,你可傻眼了。一碗小小的鳗鱼饭竟然这么贵?但事实上,1000日元只相当于不到60元人民币。在我写这封信的时候,日元兑人民币的汇率约为1∶0.06。所以,看上去惊人的日元数字,兑换成人民币,立刻会"缩水",变得一点都不可怕了。

咦?你有没有注意到,我一直在强调"在我写这封信的时候",这是为什么?这个问题的答案很简单,因为大多数汇率是自由波动的,每时每刻都可能发生变化。在极端的情况下,本来月初1美元可以换到7元人民币;到了月末,1美元只能换到6元人民币了。同样的1美元,经过一个月的时间,能换到的人民币数额变少了。我们也可以说,美元贬值了,人民币升值了。

我猜,整天"十万个为什么"的你一定要追问:到底是贬值好,还是升值好呢?

这个问题,冬冬姨就无法给出简单的回答了,因为答案因人而异。再以夏威夷草帽的故事为例。如果美元贬值了,20美元的草帽兑换成人民币,只需要120元人民币,一下子比原来便宜了10块钱,这是不是一件值得我们高兴的事?但是,如果你好朋友的爸爸是开玩具公司的,制造的玩具远销海外。本来一个玩具熊运到美国后,卖42美元,比美国工厂产的玩具便宜

很多，可能很多外国家长会选择购买你朋友爸爸公司生产的价廉物美的玩具。可是，由于美元贬值，同样一个玩具熊过了几个月，价格要卖50美元。也许外国的家长就不再选择购买你朋友爸爸公司生产的玩具了。这可不是一件值得高兴的事。

你瞧，货币升值好还是贬值好，在不同的情况下，可能产生完全不同的答案。所以，经济学家们常常说的"汇率的变化是把双刃剑"，就是这个意思。

好了，读完这封长长的信，你可以舒一口气啦。恭喜你，已经成为"钱"问题的专家了！因为，你不仅知道了货币发展的四个阶段，了解了现在正在进行的第五个阶段——数字货币的最前沿技术，还获得了有关汇率的知识，知道设身处地地思考货币升值和贬值的利和弊。难道不值得为自己鼓掌吗?

最后,冬冬姨希望你能体悟到一个重要的道理:钱本身是没有用处的。我们既不能吃它,也不能穿它。从古至今,钱的意义,一直都是用来交换我们真正想要获得的东西。我们无须羞于谈"钱"。但同时,对于金钱,我们也不要盲目追求。君子爱财,取之有道。

爱你的小姨 冬冬

你可能常听到这个词

移动支付

指利用手机等电子产品进行电子货币支付,也就是我们常用的网络购物、扫二维码付款、用手机小程序缴纳话费或水电费等日常行为。

移动支付将互联网、终端设备(手机等电子产品)、金融机构有效地联合起来,形成了一个新型的支付体系。移动支付使电子货币开始普及。

需要留意的是,少了纸币拿在手里增多和减少的实际感觉,我们很容易过度消费哦。

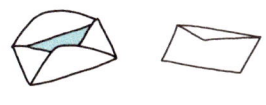

第二封信

做一个懂得取舍的人

球球：

你知道最近让冬冬姨感到头疼的一件事是什么吗？

我猜，你一定会不假思索地脱口而出："吃不到好吃的了？"

诚然，没有美食，生活会黯然失色，但这并不是我目前的苦恼。让我感到头疼，甚至有些为难的这件事是：带你回老家度假。

还记得去年带你回老家的事吗？当时，你妈妈任教的大学还没有放暑假，但是你已经提前放假了。思来想去，你妈妈决定把你"丢"给我和小姨奶奶，让我们先带你回老家过暑假。听说，这是你自己要求的。因为家里的其他小朋友一放假，也会齐聚老家。你当然更愿意回去跟他们一起疯玩，而不是留在北京等妈妈放假。

"妈妈，明天你能去机场送我吗？"晚上睡觉前，你突然像个小大人似的变得心事重重，眉头紧锁，眼圈微微泛红，一副可怜巴巴的样子，寸步不离跟在妈妈身后。

我有些诧异地看着你的情绪像热带的天气，早上还阳光普照，到了傍晚就乌云翻滚，落起雨来。这是怎么回事？

你妈妈无奈地苦笑，一边轻拍陷入"离愁别绪"的你，一边朝我挤挤眼："纠结的毛病又犯了，选择困难症又来了。"

我禁不住哈哈大笑，跟你开玩笑："球球，既然这么舍不得妈妈，就别跟我们回去了，等妈妈放假一起吧。"

哪知我的这句玩笑话，好似触动了你的敏感神经，让你抓住了由头，眼泪顺着脸颊默默流淌下来，仿佛受了莫大的委屈。

第二天一大早，我们按原计划去了机场，你妈妈自然跟着去送你。一路上，你显得很兴奋，憧憬着暑假自由自在的玩乐，焦虑的心情好似一扫而空了。但是，到了机场去柜台取票的时候，你却再次乌云滚滚，顷刻间下起倾盆大雨。

终于，被你的哭闹缠得筋疲力尽的妈妈，给你发出了"最后通牒"。

"球球，不许闹！现在就两个选择，很简单——要么留在北京，过几天等妈妈放假一起回去；要么先跟小姨奶奶和冬冬姨回去，妈妈一放假就回老家陪你。"

然而，你依然泪眼婆娑地站在那儿，在两个选项间左右摇摆。时间嘀嘀嗒嗒溜走，转眼，快两个小时过去了。

最终，在我们的合力哄劝下，你勉强选择上飞机。只不过，直到安检结束，你还一步一回头，挂着泪痕的小脸显露出极度矛盾的心理，让人啼笑皆非。

现在你知道，为什么冬冬姨对带你回老家度假这件事，感到十分头疼了吧？

不仅如此，我发现带你去买东西，让你自己挑选玩具，也是一项艰巨的任务。你常常要在玩具店里来来回回走上数十圈，面对货架上琳琅满目的玩具，始终无法爽快地做出决定。

如此聪明的小脑袋，为什么一到做选择的时候，就没主意了呢？

我想，也许你不理解的是为什么我们一定要做选择，有所取舍。要是我们想要的东西，都能得到，岂不美哉？但这是一件不可能的事。

下面我们就来聊聊为什么需要做选择吧！

你猜，我们居住的地球上，住着多少人？根据最新一次人口统计，我们生活的地球，大约住着77亿人！哇，这可是一个庞大的数字！想想看，如果地球上的77亿人都想拥有全部自己"想要"的东西，那会发生什么？要知道，人的欲望是无限的，我们想要的东西只会越来越多。"愿望清单"会随着年龄的变化，无限增长。

地球可以承受77亿张无限增长的"愿望清单"吗？当然不可以。因为地球上我们赖以生存的资源——水、空气、粮食、金钱、时间等等，都是有限的，甚至是稀缺的。无法满足77亿人无休无止地索取和挥霍。

有些人因为贪婪，用非法手段盗取了地球上本应该与其他人共享的资源，最终造成了灾难性后果。如果每个人都任意妄为，抢夺地球上有限的资源，那么可爱的地球就会变得千疮百孔，不堪重负，很快走向灭亡。我们人类也会失去赖以生存的家园。

所以你瞧，我们每个人几乎每天都要做出各种各样的选择：小到选择早餐吃什么，到商场里买什么玩具；大到选择从事什么职业，与什么样的人结婚。正是因为"时间"，这一宝贵资源的稀缺性，我们才必须在有限的时间内，抓住转瞬即逝的光阴，努力做出正确的选择，从而获得丰盈美好的人生。

想一想你在机场因为犹豫，白白浪费掉两个小时。那两个小时是你生命的一部分，是不可逆转的。一旦逝去，就永远无法追回。

如果你没有摇摆不定，而是快速做出选择，那节省下来的两个小时，可以做些什么？也许我们会一起读一本小书，书里的故事让你获得感动；也许我们会在机场里发现一家特别美味的汉堡店，坐在里面悠闲品尝美食；也许我们只是坐在候机室里，无忧无虑地看上几集动画片，纵情大笑一番。这些本来可以进行的活动，是不是比你站在机场中央，声嘶力竭地哭泣更有意义？

由于时间不能重来，资源使用完之后就会消失，所以当我们选择把时间和资源投入到一件更有意义的事情上，就必须舍弃其他的事。

在经济学里，我们把被放弃的选项中价值最高的那个，称为"机会成本"。

比如说，看书、吃汉堡和看动画片都是你爱干的事，其中，吃汉堡对你而言，最为重要。那么，当你花两个小时纠结和哭闹时，被你放弃的吃汉堡这个选项就是你的"机会成本"。冬冬姨希望，你能认真体悟机会成本的含义，在做选择时多多考虑机会成本，减少不必要的时间浪费，把有限的时间用在真正有意义的事情上。你可以试着做到吗?

好了,说完机场里的选择,我们再来聊聊你在商场买东西时碰到的难题吧。

告诉你个小秘密,冬冬姨小时候去商店挑玩具,也曾和你一样,总是陷入选择的困难境地。左顾右盼的我总觉得货架上的每个玩具都很好玩。可是,我妈妈也就是你小姨奶奶规定我只能买一个玩具。到底挑哪个玩具好呢?她向冬冬姨传授了一套选择的秘诀。现在,冬冬姨也把这套秘诀传授给你。这套秘诀的关键,是分清"需要"和"想要"。

买东西前,先问问自己下面5个小问题:

1. 我为什么要买这件东西?
2. 如果不买这件东西,我除了会不开心外,还会有什么更严重的后果?
3. 我会一直使用这件东西吗?还是只用一次,就会丢到一边?
4. 我已经拥有类似的东西了吗?
5. 我真的必须今天就把它买回来吗?还是可以等几天、几个星期,或者几个月以后再买?

为什么要问自己这些问题呢？因为对这些问题的回答，可以帮助我们更好地区分自己"需要"的东西和"想要"的东西。比如说，你已经拥有了类似的文具盒，那就不"需要"这个重复的文具盒了；再比如，你知道自己对玩具小狗只有三分钟热度，玩不到一周，就会丢到一边，那玩具小狗只是你一时"想要"的，并不是真正需要的。

虽然，严格意义上讲，我们真正需要的东西只是一些支撑我们健康生活下去的物品，比如我们吃的食物，穿的衣服，呼吸的空气，住的房子，等等。从这个角度而言，所有的玩具只是想要的物品而已。但是，作为孩子的你，恐怕少不了玩具的陪伴。因而，我们适当放低标准，把一些你认为重要的、紧急的事也纳入"需要"的范围。

善用"需要和想要"五问法可以帮你更清晰地分析问题，将选项按照轻重、缓急、高低，逐个在心中排序。把时间和金钱先花在重要的、紧迫的事物上，因为这些是你需要的。对于想要的，你要有节制地获取，量力而行，合理规划时间和资源的分配。

球球，冬冬姨希望你能把"需要和想要"秘诀灵活运用到生活的各个方面。学会把事情按照优先次序排列，把最重要的事放在首要位置，率先完成，而不是拖延到最后。如此，你才

能活得从容不迫、轻松高效。

为什么对于想要的东西，我们要有节制地获取呢？在心理学中，有一项著名的"棉花糖实验"，用事实告诉我们，有节制地，甚至是延迟获得想要的东西，其实是一种非常优良的品质，可以使人受益终身。

下面，我们就来讲讲这个有趣的"棉花糖实验"。

在20世纪60年代，美国斯坦福大学的教授沃尔特·米歇尔

（Walter Mischel）开始了一系列心理测试。测试的对象是一批年龄为4到5岁的孩子。实验流程是这样的：每个孩子都被领进一个房间，坐到一张椅子上。在他/她面前的桌子上，放着一块诱人的棉花糖。研究员跟孩子说："我要离开房间15分钟，如果你等我回来再吃这块棉花糖，我会再另外奖励你一块棉花糖。如果，在我回来之前你就把糖吃了，我就不会给你第二块糖了。"说完，研究员离开了房间，通过监控观察每个孩子的行为。

独自留在房间里的孩子们很有趣。有的孩子等研究员一走，立刻蹦起来把棉花糖塞到嘴里；有的孩子在椅子上摇摆不定，蹦蹦跳跳地踩着脚踏板，试图克制自己，然而最后还是屈服于诱惑，吃掉了棉花糖；另外一小部分孩子，的确克服了想吃糖的诱惑，等到研究员回来才吃下棉花糖，也得到了第二块棉花糖的奖励。

在之后的40多年的时间里，研究员们对参加棉花糖实验的孩子们的成长进行了追踪与研究，并在多个领域评估孩子的发展情况。他们的发现令人感到惊讶。当年那些愿意延迟满足，得到了第二块棉花糖的孩子，考试分数高，药物滥用水平低，患肥胖症比例低，对压力的反应好，社交技能强，并且在其他生活指标中得分都高。可以说，那组孩子无论在任何领域，都比另外两组孩子要成功。

所以，球球，不要小看了"选择"里的大学问。在任何情况下，我们多多少少都必须有所取舍，时间是一项极其宝贵的资源，逝去便无法追回。如果懂得巧妙运用"需要和想要"法则，先完成重要的事，再做次要的事；先获得需要的东西，再有节制地，在适当的机会下，去享受自己想要的东西，你就会在人生每次重要的分岔口处，做出最优的选择，收获美好的人生。

球球，选择需要勇气。患上"选择困难症"的你，一定要努力克服失去某物的恐惧感，充满自信地做自己生活航船的舵手。每当你犹豫和怯懦的时候，想想冬冬姨给你讲的"机会成本"，便不再胆怯，不会在犹豫不决中白白浪费时间了。

也许，这次回老家度假，你会有截然不同的表现，对吗？我真心期待着。

等待与你一起过暑假的冬冬姨

你可能常听到这个词

机会成本和沉没成本

机会成本指的是生产者所放弃的使用相同生产要素在其他生产途径中的最大收益。比如,你拥有一小块花园,你可以选择种草莓或西瓜,它们的生长周期大致相同,种草莓收益2000元,种西瓜收益800元。种草莓是最赚钱的选择,此时机会成本就是放弃种西瓜的800元。

沉没成本指的是已付出但不可收回的成本。比如,你等公交一小时,公交车还没来,但因为上学要迟到了,所以选择打车出行,那等公交的这一个小时就是已经付出且不可收回的沉没成本。

机会成本影响你是否要开始做一件事,沉没成本影响你是否要继续做一件事。

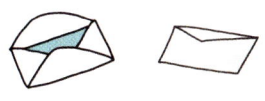

第三封信

做自己喜爱并适合做的事

球球：

还记得吗？在你很小的时候，我和你妈妈开玩笑地问你："长大以后，想做什么呀？"

你不假思索地回答："长大后，我要开商店。"

那会儿你迷恋小区门口的一家小商店，每天都想去里面逛一逛，心里很是羡慕店主人拥有那么多令人眼花缭乱的小玩意儿。

等你稍稍长大些，我们又半认真地询问了你对于将来"职业规划"的想法。

已经颇有主见的你，口气更为笃定地说："长大了，我要去摆地摊。"

没想到，小小年纪的你竟然有心助力"地摊经济"，通过自己的力所能及，促进经济市场繁荣。这又有何不可呢？

然而，你妈妈有些小小的忧心。俗话说，初生牛犊不怕虎。很多与你年纪相仿的孩子，纷纷说出了"豪言壮语"，充满了改变世界的野心和志趣。你的妈妈在你这么大的时候，立志要当一名像居里夫人一样的女科学家。冬冬姨小时候，宣读过各式各样的理想：女将军、女首富、女博士……和我们壮志满怀的"誓言"相比，你做商店小老板的愿望，好像的确没有那么远大。而且，从你最近几次参与学校的"跳蚤市场"活动，经营自己的玩具、图书摊位屡屡亏本的情况来看，也许你并不具备摆地摊的天分。

不过，现在看来，你还没有真正确立自己的理想。最近一段时间，你对绘画显示出浓厚的兴趣。无论是水墨山水，还是油画静物，都在你富有想象力的运笔间，呈现出栩栩如生的姿态。结果，你又放弃了开商店的理想，十分肯定地说自己长大想当个画家。

职业无所谓高低，虽然获得的回报可能有所不同，但只要是你真心热爱的事业,冬冬姨都会支持你去从事。不过,想要拥有成功的事业,光有兴趣远远不够,还需要有一定的天分和悟性。所以,选择适合自己做的事显得尤为重要。

你听过《田忌赛马》的故事吗?齐国的大将田忌很喜欢赛马,有一回,他和齐威王约定,要进行一场比赛。他们把各自的马分为上等、中等、下等。比赛时,上马对上马,中马对中马,下马对下马。因为齐威王每个等级的马都比田忌相同等级的马要强,所以,三场比赛下来,田忌都输了,只得垂头丧气离开赛马场。

在台下观看赛马比赛的孙膑看到了,拍着田忌的肩膀说:"其实,齐威王的马比你的马快不了多少。你再去同他比一次,我定有办法让你胜出。"

田忌将信将疑,和齐威王提议再赛一次。结果呢?孙膑让田忌的下等马对战齐威王的上等马。第一局,田忌输了。接着,

孙膑让田忌的上等马对战齐威王的中等马。第二局，田忌赢了。最后，孙膑让田忌的中等马对战齐威王的下等马。第三局，田忌又赢了。三局两胜，田忌在没有更换任何马匹的情况下，赢得了最终的比赛。

这是我最喜爱的一则成语故事。田忌之所以能在第二次赛马中获胜，很重要的一个原因是他用自己实力较强的马对阵齐威王实力较弱的马，结果取得全局的胜利。而我们也一样，如果拿自己的弱项与别人的强项相比，很大概率会受到挫折。但是，如果我们拿自己的强项和别人的弱项较量，就会赢得自己的舞台，获得成功。所以，冬冬姨希望，你长大后，站在专业和职业选择的分岔口时，能够既浪漫又理性。听从内心的声音，选择自己爱做的事。同时，找到自己的天赋所在，客观判断自己的优势和劣势，尽量选择自己有优势的事业去从事。

当然，除了兴趣和天赋，想要在任何行业取得成就，还有一点非常重要，那就是：我们必须付出超越常人的勤奋和专注。对于这一点，我深有体会。

2008年我参加高考，也就是从高中考入大学的重要考试，我成为市高考状元，被北大、清华两所名校同时录取。现在想来，我之所以能取得好成绩，很大一部分原因是我执着地选择了文科而非理科。

还记得我们在上一封信里讲到的，做自己命运航船的舵手吗？不要理会外界嘈杂的声音，静静聆听自己内心的真实想法，做出最适合自己的选择。正是由于遵循了这一准则，我毅然决然选择了真正热爱的历史、政治等学科，并为自己严格制订了一套高考复习和健身计划，每天都专注地执行。合理规划时间，探索高效的学习方法，以积极乐观的态度和强健的体魄迎接即将到来的挑战。

许多年前，我读到美国作家马尔科姆·格拉德威尔的《异类》。里面提出了一条举世闻名的成功法则：一万小时定律。你知道是什么意思吗？

格拉德威尔通过大量的案例和数据研究，得出一条结论：天才并不是决定一个人成功的唯一因素，甚至不是最重要的因素。在任何领域取得成功的关键，是持续努力，花很长时间专注于一项特定的任务。而这段把我们由普通人变成行业专家的时间，最少是一万个小时。

哇！一万个小时。我们来算算看，那是多长的时间。假使你长大想当一名画家。从现在起，你每周花20小时练习绘画，需要多久才能达到一万小时的锤炼？整整十年！正如我们中国古语所讲：台上一分钟，台下十年功。持续不断地、专注地练习一个任务才能熟能生巧，最终达到炉火纯青的境界。

也许，在你成长的过程中，有人会夸你聪明、天赋高，有人会劝说你依靠自己姣好的容貌踏上一条捷径，这些外界的声音常常会使人迷失自我，觉得专注地、满怀热忱地努力是一种愚笨的行为。但是，冬冬姨希望你能看破这些肤浅、浮躁的论调，选择一条自己喜爱的并且适合你的道路，牢记"一万小时定律"，执着、专注、充满激情地走下去。如此，幸运之神就会光顾，不知不觉间，你的努力将会给你带来巨大的回报。

球球，你知道为什么冬冬姨要强调"专注"的重要性吗？也许酷爱辩论的你立刻会提出反驳意见："我既喜欢画画，又喜欢讲故事，还喜欢跑步。难道长大以后，我不能既当画家，又做主持人，还成为长跑运动员吗？"

如果你有足够的精力、体力和时间，当然可以从事多项工作。而且，冬冬姨十分鼓励现阶段的你天马行空，无拘无束地去发掘自己的潜能，探索众多学科的奥秘和知识，找寻自己在多个领域的兴趣点，为以后的成长编织一张广博的"知识之网"。然而，如若你长大后，仍然无法专注于一项事业，拿不定主意要走哪一条路，便容易成为一个"样样懂一点，却样样都不精"的人。

想想看，古往今来能将一项事业做好的人寥寥无几，能同时将几项事业做成的人更是屈指可数。记得书里读到的《达·芬奇画鸡蛋》的故事吗？我们只知道达·芬奇是创作出《蒙娜丽莎》的大画家，但他其实还是出色的音乐家、天文学家、建筑家、解剖学家和科技发明家。被世人称颂为"文艺复兴三杰"之一的达·芬奇，是百年难遇的天才。但相对于他在其他领域的成就而言，达·芬奇的绘画才是登峰造极，最为世人称道的。

球球，你瞧，我们每个人生来都有一把获取财富和成就的"金钥匙"，帮我们解锁自己最强的一项技能。而这项技能需要通过大约一万个小时的锤炼，才能得到升华，发挥最大效用。正是因为我们每个人解锁的技能各不相同，我们生活的世界才如此缤纷多彩。举个例子，你擅长画画，你的好朋友擅长跳舞。班级举行文艺会演时，你现场画山水，你的好朋友表演爵士舞，引得在场观众掌声雷动，啧啧称道。正是由于你俩分工合作、各司其职，彼此都专注于自己擅长的事，才为观众们呈现了一场精彩的演出。

在经济学里，人们常说：分工合作，创造了显著的经济利益，使社会拥有更好的生产力，是相同的道理。

这个道理深入我们的生活实际，小到连你画素描用的铅笔，都是通过神奇的分工合作完成的。接下来，我们就来说说有关铅笔的故事：

1958年，美国著名的经济学家伦纳德·里德在他的著作

《我，铅笔》中，详细记录了铅笔的诞生过程。你仔细观察铅笔就会发现，铅笔主要有五大部分：笔身、黑色石墨、外观涂料、橡皮擦和支撑橡皮擦的金属卡套。每一部分都有着了不起的故事。

书中写道：首先，铅笔的笔身是由美国北加利福尼亚州或者俄勒冈州生长的直纹雪松制作而成。而砍伐、运输雪松的电锯、绳索和卡车又需要许多其他人来生产。砍伐雪松的伐木工人吃的面包、穿的衣服，难道不需要有人来生产吗？所以，仅仅获得制作铅笔的木材就是一个极其复杂的过程。

其次，写字的石墨在斯里兰卡或者中国开采，然后再与美国密西西比州开采的黏土混合。再来说说涂料吧，那里面包含蓖麻子，所以蓖麻子的种植、运输，蓖麻子油的提炼，和涂料的制作都需要不同的人去完成。

橡皮擦也不是简简单单就能做出来的哦。而是由东印度群岛的菜籽油、意大利的浮石与其他化学物质反应而成。

那金属卡套呢？当然也不简单，是由锌、黄铜和黑镍合制而成。这些原料的开采、提炼、混合又凝聚了多少人的汗水？

正如伦纳德·里德在书里写的那样，这个世界上没有任何一个人可以独立制作一支铅笔！更为奇妙的是，加入到铅笔制作工程中的人分布在世界各地，他们有着不一样的长相，说着不同的语言，有着各自的生活习惯，可这根本不妨碍他们分工

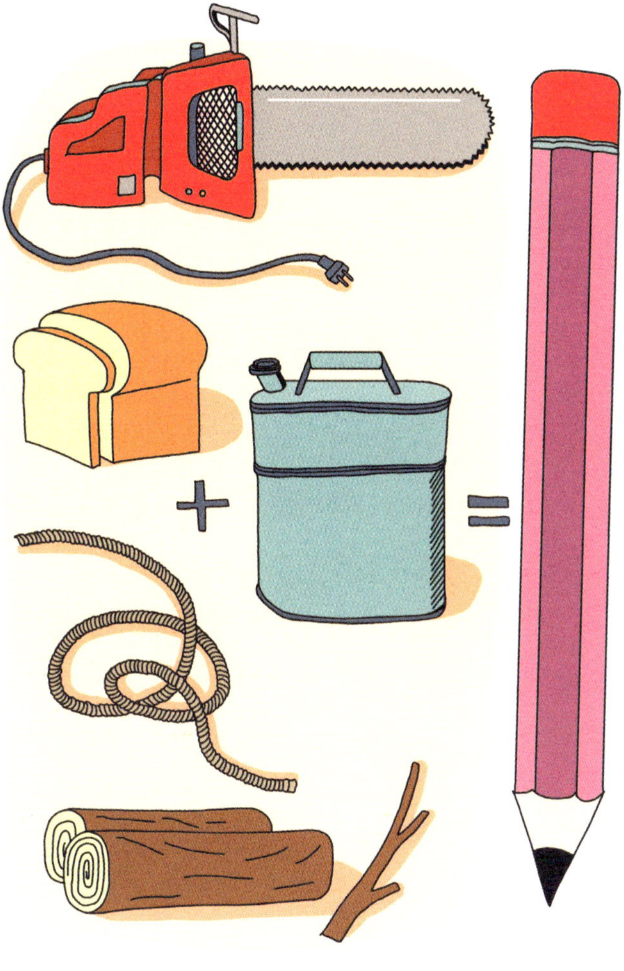

合作。多数人根本不知道一支铅笔到底是怎么做出来的，他们只是重复做着自己最适合、最擅长的工序，自然而然成为铅笔诞生过程中的一部分。正是由于有序高效的分工合作，一支支轻盈的铅笔才被生产出来，运送到世界各地的一个个梦想家手中，通过他们灵巧的手，给我们生活的世界绘出无限可能。

最后我想告诉你一个人生公式：天才＋勤奋＋机遇＝成功。机遇，也就是运气，是可遇而不可求的。然而，勤奋可以依靠后天努力，通过"一万小时定律"达到。至于天才，也就是我们之前提到的天赋，是我们每个人与生俱来拥有的"金钥匙"。

这条人生公式曾引导我做出许多明智的选择。我相信，多年以后，你也会深刻感悟到这条公式的睿智和魅力，在它的引领下找到自己真正喜爱并适合从事的事业，并为之付出不懈努力。同时，我希望你能用发现美的眼睛，带着欣赏的目光，尊重他人选择，怀着谦卑的心在你不甚了解的领域去求教他人。我们生活的时代是个分工协作的时代。因而，每项工作都需要有人从事，每个人的劳动都意义非凡。始终心怀感恩，这样生命才更有意义。

真心祝福你！

爱你的冬冬姨

你可能常听到这个词

第一生产力

首先你要知道生产力指人类利用自然、改造自然的能力。"科学技术是生产力"是马克思主义的基本原理。"第一生产力"是指在推动现代生产力发展中的重要因素和重要力量。最早由邓小平爷爷提出"科学技术是第一生产力"。

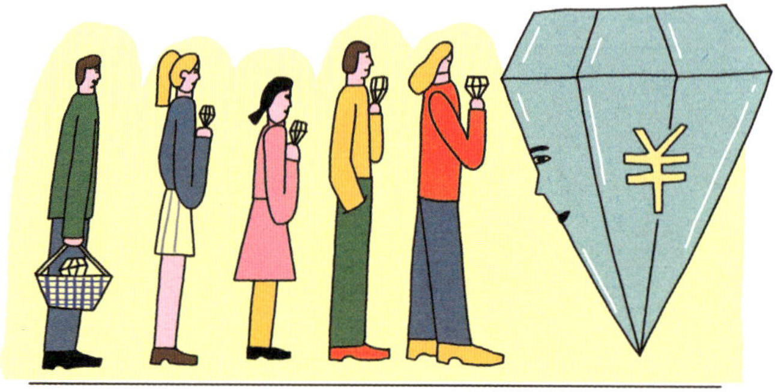

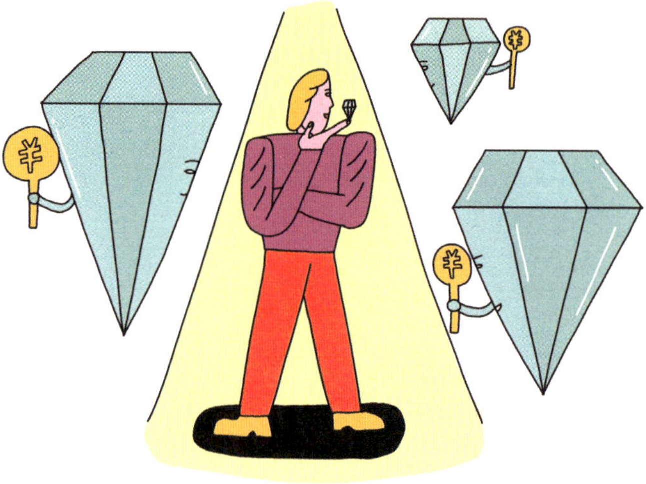

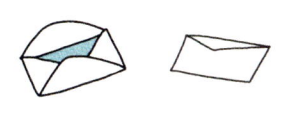

第四封信

为自己增值，过有效率的人生

球球：

如果我提议咱俩出去玩上一整天，你会带我去哪儿？

我猜，八九不离十，你会拉着我去胡同里一家小店开蚌，取珍珠；或者缠着我去"玩具反斗城"旁的那家卖石头的店，洗宝石。

不知从什么时候起，你对"淘珠宝"产生了浓厚的兴趣。每次与我视频通话都满脸骄傲地取出你的"百宝箱"，用小手细致地取出一颗颗色彩各异的石头，如数家珍地向我展示它的纹

理、色泽，告诉我哪种宝石适合做吊坠，哪种宝石会在黑夜里发光。这些都是你日积月累，从珍珠蚌里、从沙子堆里淘出来的"宝贝"。

上周我答应你一起去"洗宝石"，其实也是为了满足我自己的好奇心。

那是一家很袖珍的小店，里面有一张长条形工作台，工作台旁配有几张小凳子。凳子上坐着几个跟你年纪相仿的小朋友。小店外还站着几个焦急等待空位的小孩。

我还在观察店里店外的动向，你却轻车熟路径直走向店主，礼貌地和店主阿姨挑选起心仪的"主题"。

跟着你，我才明白原来"洗宝石"是买一个盛满沙子的透明口袋，打开封口，把一整袋沙子一股脑倒进工作台侧边的凹槽中。凹槽里有一个网格状的铁框。工作台一侧连着水管，源源不断的水顺着凹槽流淌，不断冲刷着铁框。反复几次，铁框里的沙子便会跟着水流从网格里漏出，五彩缤纷的小碎石就会清晰可见地展露出来。

看着你挑拣出那颗拇指大小、裹着墨蓝色光晕的石头，举到眼前欣赏一番，又小心翼翼放

入工作台上摆着的宝石收纳盒里。

我恍然大悟,原来就是拿水冲沙子,开宝石盲盒啊。正觉得这煞有介事的工作台颇有些唬人,你却和店主热情攀谈起来。

"阿姨,这块也是宝石吗?"你全神贯注,从碎石堆里挑出一枚硬币大小的奶白色石头问道。

店主接过石头,在灯下仔细瞧了瞧,然后拿出一张标着宝石种类的鉴定表,笃定地说:"这颗是月光石啊,成色还不错。"

你听闻大喜,连连点头,轻轻把月光石放入盒中,睫毛和眉毛快活得上下颤动。接着,你又拣到了米粒大小的孔雀石、芝麻大小的蓝水晶和许多其他细小的石粒,分门别类,逐个放进收纳盒里的格子中。不一会儿,你的收纳盒就变成了装满宝石的"百宝箱"了。轻摇两下,发出"沙沙"的声响。

我正准备付款,却发现你的两只手抓着工作台的边沿,脖子伸得老长,正羡慕地看着你旁边的小朋友洗出的一颗透亮的紫水晶,丝毫没有要离开宝石店的意思。

后来,在你的眼神"攻势"下,我们又洗了鸟巢主题、星座主题和森林主题的宝石。至此,我才深刻感受到你妈妈那句"无底洞"的含义,心中叫苦不迭,已为时晚矣。

最后，我把你洗到的几盒亮闪闪的宝石拍照发给国外一个宝石鉴定协会的朋友看，你猜这个朋友怎么说？

他颇有嘲弄意味地告诉我，我们花了一千多块钱洗到的"碎宝石"，不过是只值一两百元的漂亮石头罢了。这真让人感到有些气恼，但却引发了我一连串的思考。所以写到信里，同你分享我的一些看法。

首先，我们来聊聊洗宝石的价格。它是怎么来的呢？是店主一拍脑袋、随心所欲设定的吗？要回答这个问题，首先需要了解经济学里一项非常重要的原理，那就是：供给与需求决定产品的市场价格。那什么是供给，什么是需求呢？

举个例子吧，我们去的商场里只有一家洗宝石的店铺，叫作A店铺。店铺里有5个座位，所以每次只能有5个人一起洗宝

石，晚到的人只能在门外等待。这5个座位由卖家提供，所以称为供给。需求和供给恰恰相反，由买东西的人提供。比如，门外有另外5个小孩在排队等待。在这段时间里，一共有10个人想要体验洗宝石的游戏，这就叫作需求。很显然，小店里提供的座位太少，不能同时满足10个人一起洗宝石的需求，这就造成了需求量大于供给量，洗宝石成为一项受欢迎和追捧的活动。

开洗宝石店的阿姨会怎么想？我猜，她一定会很开心，因为主动权掌握在她手里。就算她收取较高的洗宝石费用，依然有很多跟你一样的小朋友渴望去她的店里洗宝石。换句话说，作为小小消费者，你们对洗宝石的喜爱和需求，推动了价格的上升。我们通常把这种情况称为"卖方市场"。卖东西的人掌握了主动权。他们可以在合理的范围内设定商品的价格，或者限制商品的数量。

可是，如果其他人看到洗宝石的生意这么赚钱，也纷纷效仿。没过多久，商场里又有三家洗宝石的店铺开张了，分别是B、C、D，那会出现什么样的状况？想想看，如果这几家店提供的洗宝石服务都差不多，那原本站在A店门口排队等待的小朋友就会立刻跑到另外几家店找空座位去洗宝石。这样，供给就大于了需求。

接下来，其他几个店铺为了招揽客户，纷纷降价，一场激

烈的"价格大战"由此展开。星空主题的宝石原本要298元，但B、C、D宝石店决定把价格降低50元。带孩子们去洗宝石的爸爸妈妈自然很高兴了，通过价格对比，他们决定不再去A店铺，而是把孩子领到价格更为优惠的其他店铺。经营A店铺的阿姨看着流失的顾客很着急。无奈，她也只能降价，希望通过这样的办法把失去的客户重新吸引回来。

这样的情形，在经济学中叫"买方市场"。主动权掌握在买东西的人手中，他们可以选择去不同商家选购类似的商品，并且会被价格较低的商店所吸引。这就是供给量增加，促使价格降低的例子。

我们再来试想一种更为极端的情况。随着洗宝石项目越来越受欢迎，更多人萌发了开宝石店的想法。慢慢地，在商场内外又新开了许多新店铺。而且，每家店铺虽然在装修上有所差异，但提供的洗宝石服务和内容却大体相同，所以对于热爱玩洗宝石游戏的你而言，是去A店铺洗，还是去其他几家店铺洗，都不会有太大的差别吧？我们把这种情况称为"垄断竞争"。在垄断竞争中，每个店铺出售的产品或服务既相似又略有不同，谁都没办法掌握完全的主动权，让大家都听他的。在垄断竞争的情况下，通常买方说了算，卖方没有办法设定价格，只能根据供给量和需求量的变动来进行价格的调整。

好了，读到这里，相信你一定明白了供给和需求的概念，以及它们对价格变化的神奇影响。在供给量不变的情况下，需求量增加，价格会随之上升；在需求量不变的情况下，供给量增加，价格会随之下降。所以，作为小小消费者的你，在每一次挑选玩具、学习用品，或者课外活动的过程中，都对产品的市场价格产生着潜移默化的影响哦。

其实，供给和需求决定价格法则不仅适用于买东西，在以后你的职业选择中也颇有借鉴意义。还记得我们上一封信里讲的《田忌赛马》的故事吗？田忌选择用自己的长处与齐威王的短处相较量，最终赢得了赛马比赛的胜利。所以，冬冬姨希望你能够选择自己喜爱并擅长的工作去做，这样才会取得事半功倍的效果。然而，如果你是一个对财富有所追求的人，我们就不得不提另外一件事——工资。

球球，你有没有想过：你住的大房子、穿的漂亮衣服和吃的食物，是从哪里来的？你一定会鼓着小嘴，眨着眼睛说："爸爸妈妈用钱买的呗。"那爸爸妈妈的钱又是从哪儿来呢？自然就是通过工作获得的咯。工作带来工资，也就是我们说的工钱。工资可以用来买我们需要的物品，这是世界上绝大部分人的生活轨迹。你知道吗？因为工作类型的不同，每个人获得的工资报酬也不相同，而工资的高低也是由供给和需求决定的哦。

在洗宝石的例子中，开宝石店的人是供给方，付钱洗宝石的人是需求方。而在工作的世界里，却刚好相反。假设宝石店店主想要吸引更多的孩子来洗宝石，可她不知道如何宣传自己的小店。于是，决定请一个小姐姐来帮忙，帮助她设立一个微信公众号，用有趣的小故事和图片吸引更多的人关注她的小店。作为回报，她会每个月付给小姐姐一定数额的工资。在这个例子里，开宝石店的阿姨变成了需求方，因为她需要小姐姐提供的服务；来帮忙的小姐姐成为供给方，她掌握着微信公众号设立和运营的知识，刚好可以提供服务，满足店主的需求。

设想一下，如果设立微信公众号是件简单的事，许许多多的人都掌握这方面知识与技术。店主只需要找一个人来帮忙，却有五个人积极报名，造成了供给大于需求的局面。店主还会给第一个报名的小姐姐支付高额的工资吗？当然不会，因为店主有很多其他选择。即使第一个小姐姐因为嫌工资低，不愿接受工作，店主依然可以去询问第二个、第三个、第四个和第五个人的意见。最终，店主会以让自己满意的价格挑选到一位合适的人选。相反地，如果设立微信公众号是件难度较高的事，需要很深的专业知识与技能，店主经过较长一段时间，才能寻觅到合适的人才，造成一种供给小于需求的局面。在这种情况下，店主就会支付较高的工资，去网罗这种稀缺的、珍贵的人才。

你瞧，在工作中，供给和需求也用一只看不见的手，神奇地"操控"着工资的高低呢。在你长大后，如果想要获得高工资，这并不是一件坏事。相反，这个愿望可以让你充满前进的动力，用自己的能力寻找、打开属于你的财富之门。

我们已经知道供给和需求决定商品价格，也决定工资的高低了。而获得高工资的关键是什么？我认为夯实专业知识，时刻为自己增值，在工作和学习的历练中成长为一个稀缺的、珍贵的人才，那便是根本。

球球，在你这个年龄，也许尚未能体会到工作的意义。不过，我想与你分享微软公司创始人比尔·盖茨先生对于工作的态度，希望你也能学习一二。

2018年，我有幸参加了股神巴菲特先生在奥马哈举办的一年一度的股东大会。会议群星荟萃，既有赫赫有名的金融家，又有科技界的天才发明家。其中，最引人注目的参会者便是巴菲特的多年好友比尔·盖茨。因此，我得以近距离目睹盖茨先生的风采。他和巴菲特先生都是建立了庞大商业帝国，甚至推动世界发展的巨富，却为人朴实、谦和，睿智的言语中透着令人忍俊不禁的幽默。

盖茨先生对工作充满无比的热情。他常说："在我二十几岁的时候，一天假都没有放过。一天都没有！在我三十岁出头的时候，我的全部生活都围绕着工作。我没有休假，没有周末。我总是第一个进办公室，最后一个离开……"

即使他现在已经是一位六十多岁的长者，坐拥一千多亿美元的巨额财富，依然没有放弃努力工作的习惯。他每天睡七个小时，剩下的时间被排得满满当当，即使是五分钟的短暂时间，他也会充分利用。早上起床后，他会在跑步机上锻炼一个小时，同时收听有趣的科学节目。之后，他要浏览《华尔街日报》《纽约时报》《经济学人》的头条新闻。

接着，忙碌而充实的一天开始了。电话会议、采访、慈善基金会的事务，他都亲力亲为。更可贵的是，他走到哪儿，都会随身带着一大袋子书和一本笔记本,以便随时学习新知识和记录当下的想法和灵感。盖茨先生一年平均要读五十本书,并且会定期去西雅图湖边的小木屋里安静地阅读、思索、冥想。

你知道在忙碌的一天结束后,他会做些什么吗?你绝对想不到!晚餐后,他最喜欢的活动就是做家务,尤其对洗碗情有独钟。他曾风趣地说:"家里的其他人也主动要求洗碗,但我更喜欢自己洗碗的一套方法。"

球球,取得巨大成功的比尔·盖茨先生都如此勤勉工作、劳动,并从中获得快乐和生活的意义。我们还有什么理由懒惰推脱呢?

冬冬姨曾经读到过一句话,对我深有启发。现在告诉你,让你携带着,在成长的道路上减少恐慌和迷茫。那就是日本著名企业家稻盛和夫先生所说:"工作能够锻炼人性、磨砺心志,工作是人生最尊贵、最重要、最有价值的行为。"

由此可见,工作的意义不仅仅是获得工资报酬。工作更重要的意义在于提升我们的心志,让我们实现人生的美好价值。我始终认为,工作是一件高贵的事,尤其当你选择了一份真心热爱的工作,它会使你满心欢喜,光彩四溢。

希望你也能在不久的将来体会到工作的乐趣。

你酷爱工作的小姨 冬冬

你可能常听到这个词

饥饿营销

我们来回顾一下价值规律是什么，它的定义是在一定或特定的时间内，某一商品或某类商品，所表现出来的价格波动，是由商品价值决定，受市场供求关系影响围绕价值上下波动。

简单来说，当供大于求时，价格下降；当供小于求时，价格上升。

饥饿营销指商品提供者利用价值规律有意调低产量，制造供不应求"假象"，以维护产品形象并维持商品较高售价和利润率的营销策略。

比如你和同学们都特别喜欢的一款奶茶，原价20元，本来平均每天这家店能卖掉100杯。这个月奶茶店宣布每天只提供80杯，少于想要购买的人，因此每天店门前都会排起长队，这就是制造出的"供不应求"。很快你们就会发现奶茶的价格上涨到了35元甚至更高,奶茶店的店主的收益上涨了,店铺的名声也更大了。

不过因为价值规律的存在,价格始终围绕价值,再稀缺的奶茶也不会卖出小汽车的价格。

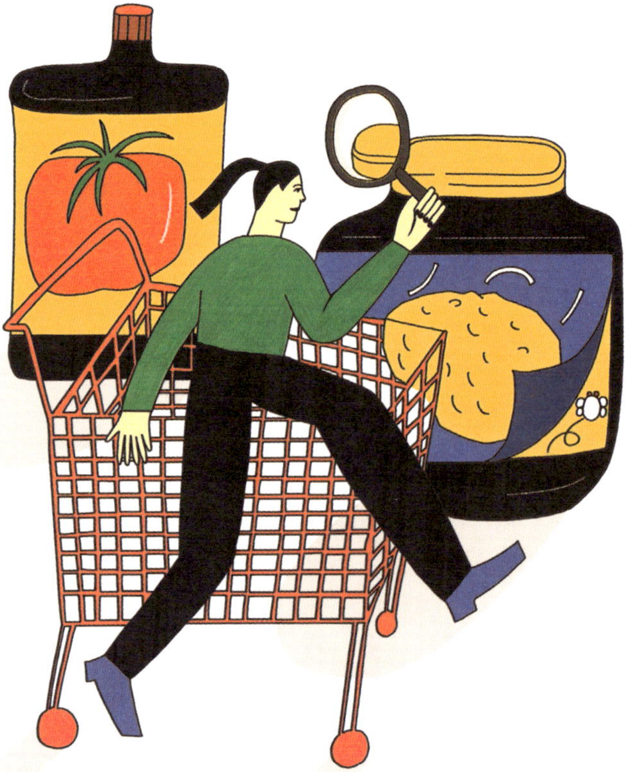

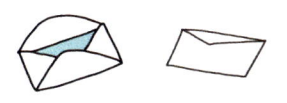

第五封信

学会理性分析外界信息

球球：

　　记得有一次，我去你家吃饭，看到你头上扎着的糖果形状头绳很好看，就夸了一句。你当即很大方地问我："冬冬姨，你要吗？我还有好多。"说完，你就把我领进卧室，打开抽屉，里面塞得满满当当，净是些你的皮筋头绳和各种各样的发饰。其中，糖果形状的发饰就有几十种。长得一模一样的头绳都有好几对。你把抽屉里的头饰拿出来，放到地板上，足足堆起一座小山，看得我瞠目结舌。

又有一次，我跟你妈妈去商场购物，她说要买条舒适的裤子，上班的时候穿。我们走进一家女装店，她像是忽然想起了什么，对我说："你先在这儿等我，我去另一家店看看，一会儿就回来。"不到十分钟光景，她手里拎着几个购物袋，春风满面地回来了。我低头往购物袋里看去，竟有三条样式极为类似的裤子，很是诧异。她红着脸辩解道："这家店我以前常去，裤子的材质可好了，店员说都是纯手工裁制，所以买了三条。"我笑而不语。

接着，这家女装店的老板热情招呼她，给她介绍自己店里的衣服。她不好意思离开，同时也觉得老板说得有道理，就买了两件颜色素雅的上衣，搭配新裤子。于是，买一条裤子就这样变成了两件衣服三条裤子。回到家里，她把新买的衣裤清洗了一遍，却发现它们的料子其实很普通，并不像店主说的那样好。

球球，我这样说你妈妈的"糗事"，不是想要批评她哦。你妈妈是一个性格随和、心地善良的人。不过，在这纷扰的世界中，充斥着太多的信息，有些是真实的，产生积极引导；有些是虚假的，容易产生误导。一个成年人，即使他已经不是小朋友了，如果无法理性分析外界信息，也很容易迷失方向，被他人传播的信息牵着鼻子走，最终做出不明智的决定。

那么，如何做到理性分析外界信息呢？今时今日，各种渠道来源的信息如同滚滚洪流朝我们冲击而来。各种色彩、声音、标题的组合借助互联网的强大力量，渗透到生活的各个角落。想要辨别信息的真伪、优劣，并不是件容易的事。除了这些表面的原因，还有一个更深层次的原因，那就是经济学里一个重要的理论：信息不对称。

信息不对称理论是由三位美国经济学家——约瑟夫·斯蒂格利茨、乔治·阿克尔洛夫和迈克尔·斯彭斯提出的。他们认为，在交易过程中，信息是不对等的。卖东西的人比买东西的人掌握了更多有关产品的信息，因而处于优势地位。

在20世纪70年代，乔治·阿克尔洛夫发表了一篇重要论文，叫作《柠檬市场》，并用生活中生动有趣的例子来论述信息

不对称带来的危害。这里的"柠檬"可不是指水果,而是美国人对次品或不好用的东西的代称。

　　试想一下,你跟着爸爸去二手市场买车,爸爸看中了两台从外观上看几乎一模一样的车。然而,一辆车的价格竟是另一辆车价格的两倍。你猜爸爸会买哪一辆车?我想,他肯定会优先考虑价格低的那辆车,毕竟谁不想以更低的价格买到一样的产品呢?

　　不过,两辆车真的一样吗?卖车的人可不这么认为。价格高的车主说:"我的车才开不到半年,各方面都跟崭新的车差不了多少,所以我才卖得贵。"他说的是真话吗?我们不能肯定,因为我们对这辆车的情况知之甚少,这就造成信息的不对等。思虑再三,你爸爸还是决定买低价的车,因为他不确定价格高的那辆车是否质量真的那么好。

　　最终,交易的结果是什么?坚持认为自己的车质量更优的车主不接受低价卖车;而卖另一辆车的人知道自己的车质量比较低,所以欣然接受了爸爸开出的价格。爸爸就以他觉得合理的价格买到了实际上低质量的车,也就是买了一个"柠檬"。

　　如果,许许多多像你爸爸一样的买家都做出类似的购买决定,久而久之,二手车市场就成了一个真正的次品市场,高质量的车则被价格战淘汰出局,市场上只剩下了"柠檬"。这当然不是我们所希望看到的。

　　球球，仔细回忆一下，因为信息不对称，让我们蒙受损失的例子还有哪些？

　　商场里的服装店也是一个很好的信息不对称的例子。卖衣服的人处于信息优势，掌握着大量衣服的信息。包括衣服实际的进货价、衣服的质量、衣服的工艺，等等。而前去买衣服的

人却处于信息劣势，因为我们不清楚衣服生产的具体流程，只能通过询问和手感，获取一些简单的信息。如果卖衣服的人故意隐瞒一些信息甚至分享一些虚假信息，消费者就很可能上当，最终花高价买到一件低质量产品。

面对如此纷繁复杂的信息来源，有没有一个方法帮我们找到较为可靠、真实的信息呢？这需要一个小帮手——品牌。

想一想，你每天早上喝的盒装牛奶上写着什么？如果你想买玩具，会去哪里买？周末晚上你在线上学习的编程课叫什么？你定会迫不及待地告诉我："每天早上，我会喝特仑苏；买玩具，会直奔玩具反斗城咯；我学编程猫的课，还拿了编程比赛奖杯呢！"

球球，你知道吗？其实这些都是品牌。品牌是一个很抽象的概念，可以是一个符号、一句话或者一个人物，等等。但品牌是很有魔力的东西，是人们看了就能认出来的、和别的产品可以自然区分开的。因而，当我抛出这些问题的时候，你才会不假思索地回答。这些品牌已经在潜移默化中，深深印入你的脑海，使你不自觉地产生信赖感，在买东西的时候，主动去挑选带有这些品牌的产品，这正是品牌的神奇之处。品牌在一定程度上缓解了信息不对称的问题，它的质量、价格有着长期的保证，让我们在购买时感到更加放心。

那么，品牌对卖东西的人而言呢？

给你举个例子吧。你以前不是很喜欢看迪士尼的动画电影吗？还总跟妈妈闹着要买《冰雪奇缘》里艾莎的裙子。其实，那个时候你就已经深深地记住了《冰雪奇缘》这个品牌。你很喜欢《冰雪奇缘》的动画片，你就会去买动画片里面的东西。比如：一条裙子、一个魔法棒、一盒贴画，等等。这样，迪士尼公司就靠着《冰雪奇缘》的品牌赚了很多钱。所以，对卖东西的人而言，品牌更是至关重要。一个被大家认可、熟知的品牌如同一座"金矿"，会源源不断地为拥有品牌的人创造财富。在欧洲时尚界，许多衣服和珠宝品牌已存在数百年之久，却依然受到全世界的追捧。在时光的冲刷中，历久弥新。

品牌的创立和宣传离不开广告的力量。广告可以说是无处不在的，电视屏幕、地铁站、报纸杂志、电子邮件，几乎到处都可以看到广告的身影。在你很小的时候，就会哼唱电视广告里的歌了，还记得吗？

广告如同一双翅膀，带着品牌飞得更高、更远。而一个合格的广告，至少需要五大要素：品牌名称、产品独特的卖点、广告词、图像和包装、采取行动的呼吁。

第一大要素，品牌名称。这不难理解。给你三十秒钟，我猜你能报出一长串名字：蒙牛、抖音、恒源祥、金龙鱼……这些你信手拈来的名字，其实都是品牌的名称。正如我们每个人都有自己的姓名一样，品牌也有自己专属的名字。只不过，给品牌取名，要朗朗上口，让人过目难忘。

　　第二大要素，产品独特的卖点，也就是产品与众不同的地方。卖食品的人经常会宣传自己的食品为"绿色""有机""无污染"；卖衣服和珠宝的人常常会说他们的产品是"手工制造""大师级切割工艺"等。这些华丽的辞藻都是为了凸显产品的稀缺性和不可替代性。

　　第三大要素，广告词。广告词是广告的灵魂。还记得电视上卖汽水的广告吗？比如"透心凉，心飞扬""酷爽一夏"。每次听到那些广告词，我们就觉得口干舌燥，真想喝上一罐冰汽水啊。

　　第四大要素，图像和包装。去看看，你最喜欢的"凯叔讲故事"的App上是什么图案。是不是一个戴着黑框眼镜的光头小人儿？他长得像谁？

　　第五大要素，采取行动的呼吁。如果妈妈想让你去写作业，她可能会直接"命令"："快去写作业！"这是妈妈对你写作业行动的直接呼吁。卖东西的人也想通过广告，让我们去购买他们的产品。然而，他们呼吁的方式却是多样的。"心动不如行动""你值得拥有""即刻体验"等等，这些听上去是不是有些耳熟呢？

好了，我们已经知道信息是不对称的。卖东西的人比买东西的人知道更多关于产品的信息，他们会选择分享对自己有利的信息，从而以自己感到满意的价格把产品出售出去。为了获得更多可靠信息，我们往往会依赖品牌。长期得到消费者支持和认可的品牌通常会提供优质的产品，较为坦诚地向大家分享产品的相关信息。然而，品牌的建立和维护却是不易的，需要通过打广告走入我们的生活。成功的广告拥有五大不可或缺的要素。其中，一个吸引人的广告词是广告的灵魂。

虽然品牌和广告可以在一定程度上缓解信息不对称的问题，提升消费者在选购时的信心，但因为虚假的广告宣传而误导消费者，以致品牌形象严重受损的例子也比比皆是。比如，著名跨国食品集团"达能"由于对旗下Activia酸奶做出没有依据的广告宣传，被法院裁决误导消费者。最终花费4500万美元，采取集体诉讼和解的方式，才平息了这一风波。

Activia酸奶长期以来广受欢迎，有酸酸甜甜几十种口味。然而，在许多达能公司发布的广告中，都强调有"医学临床"和"科学证据"证明，Activia酸奶可以增强人的免疫系统，并有助于调节消化。正因为如此，Activia酸奶的价格才比同类型的酸奶贵30%。

但是在2008年，一位消费者提出了疑问，认为这款酸奶的广告宣传是不符合实际的。经过调查，美国俄亥俄州克利夫兰市的法官裁定，有关Activia酸奶的广告并没有科学依据，所以必须把"医学临床"和"科学证据"等相关字眼从宣传语里拿掉，并对消费者进行赔款。这家公司的品牌形象也因而受到损伤。

球球，下次在电视上看到广告，冬冬姨可要随机考考你下面几个问题哦：

1. 广告有多长？
2. 广告里宣传的产品是什么？
3. 广告词是什么？
4. 广告里包含了哪些产品信息？这些信息都是真实可信的吗？
5. 这则广告最吸引你的地方在哪儿？

读完这封信，我希望你长大以后可以拥有分析不同信息的能力，做一个理性的消费者。我和你妈妈在这一点上都做得不够，唯有寄希望于你啦！

与你共勉的冬冬姨

你可能常听到这个词

品牌溢价

这其实是一种附加值和消费心理范畴的问题。打个比方：一件普通的衬衣也许只要40元，如果将这件衬衣贴上知名服饰品牌，价格可能会变成400元，溢出来的360元就是品牌溢价。

但不是所有的消费者都愿意支付品牌溢价，品牌的经营必须建立在产品服务的良好质量基础上，只有提高质量，才能发挥品牌作为信誉载体的作用，增强它向消费者传递品质优秀资讯的功能，从而有更多的人愿意为溢价买单。

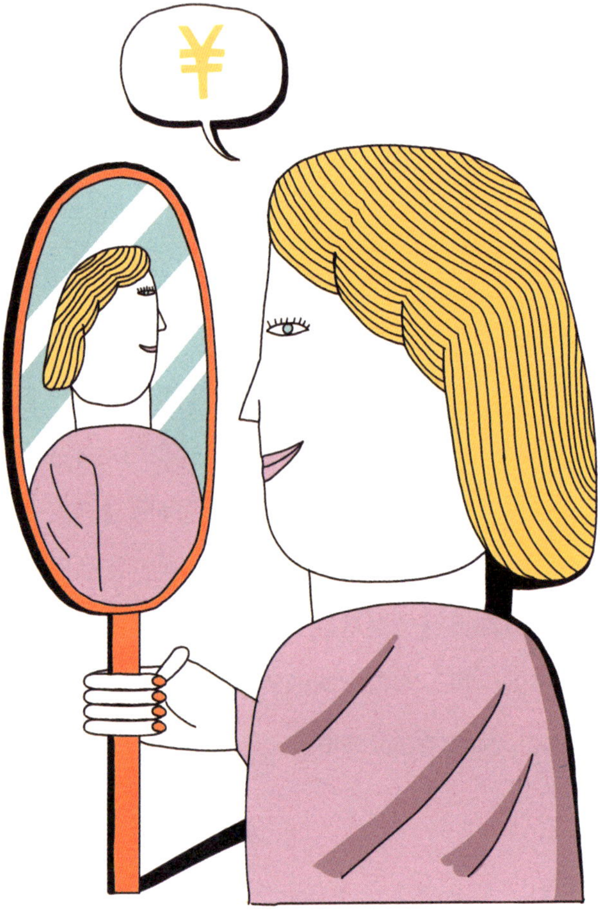

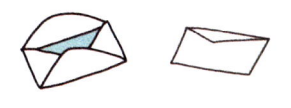

第六封信

保持与自我对话的习惯

球球:

听说今年暑假回江苏老家,你跟表哥毛毛快把屋顶都闹翻了。常听人说"七岁八岁狗都嫌",你俩都正好处于这个年龄段,如同两匹浑身有使不完劲的小马驹,嘶鸣追跑着,一言不合还会扬起马蹄"决斗"。

从北京回老家前,奶奶满怀憧憬地说:"等球球回来,可以跟毛毛一起学习,互相都受到好的影响。"然而,还没有到暑假的第二周,奶奶就哭笑不得地感叹:"这两个孩子在一起是'正正得负'。"

虽然，你比毛毛高半头，却很乐意屁颠屁颠地跟在哥哥后面当"小兵"。哥哥拿玩具枪，在房间里"突突突"，你也跟着举起太奶奶的拐杖，在哥哥旁边"突突突"；哥哥跳进公园的沙地里打滚，你也跟着打滚，还咯咯笑；哥哥气鼓鼓地与管他写作业的爷爷"抗争"，你也跟着倒在地上，拒绝写作业。你们这两只"小神兽"，吸收了彼此胡搅蛮缠的"神力"，产生了令人头痛的效果。

不过，在一件事上，你和哥哥还是有着截然不同的表现。到底是什么事呢？下面就让我们来简单说说吧。

上次咱们家庭聚会，你毛毛哥哥偷偷扯了扯我的衣袖，小声说："冬冬姑，你这次回来是不是还没给我买玩具呢？"

我捂着嘴偷偷笑起来。毛毛是个鬼机灵，对生活颇有要求。比如，带他出去吃饭，他偏爱环境优雅的日式料理店；送他玩具，他总是对玩具的规格与档次品评一番。有亲戚远道而来，他一准惦记着别人有没有给他带玩具。见我回来这么些天了，没有提玩具的事，他自然是要"友情提醒"咯。

几个姨奶奶听了毛毛的话，明白了他的小心思，忍不住"扑哧"笑了，随即跟着起哄道："冬冬姑是应该买玩具。不仅要给毛毛买，也该给球球买。"

话音刚落，你俩就如获至宝似的欢呼着，像两根弹簧般蹦到沙发上，一边一个簇拥着我，让我打开手机给你们挑选玩具。

"冬冬姨，可以买几个玩具啊？"你低头看了一阵手机，扬起小脸问我。

我还未来得及回答，奶奶就绷着脸说："你们不能太过分，家里的玩具都堆积成山了，这次最多买一个，不超过五十块钱。"

你懂事地点点头，觉得奶奶说得有理。趴在一旁的毛毛却像受了打击，嘟着嘴，哼哼唧唧地说："才五十块钱，能买到什么好玩具呢？"

看着他失望的小脸，我当时笑着摸摸他的头说："冬冬姑难得送玩具，可以适当买贵一些。"

可奶奶就是不同意，向毛毛严厉地使了个眼色，摆出不能让步的样子说："前几天妈妈才给你买了一把很贵的玩具枪，怎么又在这儿跟冬冬姑要贵的？说好了，不超过五十块钱，不然就不买。"

奶奶的话音刚落，你就静静地在一旁挑选玩具了，边选边念念有词："不能超过五十块，不能超过五十块。"

毛毛却不知所措地抓耳挠腮起来，白皙的小脸蛋上沁出浅浅的红印，想必内心正进行着一场非常激烈的斗争。他用尖尖的手指在手机屏幕上焦躁地上下翻动着，一会儿想买这个玩具，一会儿又想买那个玩具，始终拿不定主意。最后，他索性躺在沙发上，讪讪地叹道："哎呀，我想买的玩具都是贵的，这可怎么办呢？"

球球，哥哥的烦恼，你有化解的办法吗？也许，你也遇到过类似的难题。其实，遇到买东西这件事，无论大人还是小孩，多多少少都会在价格和想要的东西之间犹豫不决。那我们到底该怎么做，既买到想要的东西，又不会充满负疚感？先听我讲一个小故事吧，故事的名字叫《犹太妈妈的四个罐子》。

你听说过犹太人吗？他们可是世界上最善于经商的一群人。犹太人口虽然只占世界人口很小的一部分，却控制着世界上大多数的财富。很多成功的科技公司、金融公司和电影公司都是由犹太人建立的。我们所熟知的股神巴菲特、哲学家马克思，都是犹太人的杰出代表。

许多人都想解锁犹太人成功获取财富和智慧的密码，我想，这跟他们从小接受的教育密切相关。犹太妈妈给孩子零花钱的时候，通常会问一个问题："你们希望将来是当有钱人，还是穷人呢？"

孩子们当然会回答："我想成为有钱人。"

接着妈妈会继续问："那你想成为金钱的主人，还是被金钱支配?"

很多小孩会说:"想成为金钱的主人。"

然后,妈妈会再问:"那我给你的零花钱,你会怎么花呢?"

孩子们会说:"我要用来买很多东西,冰激凌、漫画、玩具,我还想去看电影。"

妈妈会告诉他们："如果把所有的钱都花完，那你就当不了金钱的主人了。因为一个经常为钱发愁的人，只能被金钱所支配，最终沦为金钱的奴隶。"

说着，犹太妈妈拿出四个罐子。第一个罐子写着"储蓄"。这个罐子就像你的小猪储蓄罐一样，里面放的是想要存起来的钱。犹太小朋友很早就懂得，只有养成存钱的习惯，才会不必为没钱而担忧。

第二个罐子写着"投资"。放在这个罐子里的钱会"长大"，如果用智慧之水去浇灌，放进"投资"罐子里的钱就会枝繁叶茂，长成一棵不容小觑的"金钱树"。这就是钱生出钱的"魔法"。

第三个罐子啊，应该是你最喜欢的罐子了，上面写着"消费"。放在里面的钱，是可以用来随便花的，想买什么就买什么，因为我们已经把其他的钱都做好了规划。

第四个罐子写着"分享"，就是用来和别人一起花的钱。积累财富固然很重要，但用放在"分享"罐子里的钱去帮助那些需要帮助的人，才能实现更大的价值，获得更多快乐！

"储蓄""投资""消费""分享"，这就是犹太妈妈的四个罐子。听完这个故事，你知道四个罐子的妙用了吧？

如果想成为金钱的主人，而不是金钱的奴隶，就需要从妥善管理你的零花钱做起。你可以把零花钱分为四等份,然后分别放进你制作的、贴上标签的四个罐子或者四个纸盒里。"储蓄"的罐子里放着你想要存的钱;"投资"的罐子里放着要慢慢长大、变更多的钱;"分享"的罐子里放着为别人花的钱;只有"消费"罐子里的钱,你可以用来买自己喜欢的玩具或者好吃的零食。

还记得我们在之前的一封信里讲到的"需要和想要"吗?先把时间和金钱花在重要的、急迫的事物上,也就是你需要的事物;对于想要的,要有节制地获取,量力而行,合理规划时间和资源的分配。

冬冬姨小时候,非常喜欢制订学习计划表,把每天的时间分割成几块,什么时间学习什么科目、完成什么作业,什么时间看电视、出门玩耍,都用彩笔清清楚楚标注在学习计划表里,并严格按照计划执行。这样,我每天既可以全神贯注地按时完成学习任务,又可以在玩耍的时间段里"肆无忌惮"地看自己喜欢的动画片,并且不会受到妈妈的责备。

晚上睡觉前,我闭上双眼,轻轻和自己说话,回顾充实、快乐的一天,心中不禁升起一份自豪。

美国著名的管理学大师杰克·韦尔奇先生曾说过:"请把握你自己的命运,否则别人就要越俎代庖。"如果我们能把握好自己的时间,不让宝贵的时间随着他人的意愿流逝,做时间管理的主人，那就是一件非常值得自豪的事情。

　　管理时间需要制订计划，管理金钱和财富亦然。想要合理、愉快地花掉"消费"罐子里的钱，需要动手制作一张计划表。这张表的名字，叫作"预算表"。按照你每月从爸爸妈妈那里得到的零花钱，计划好可以花出去的部分，然后把计划好买的东西和价格填进预算表里。买东西的时候，要严格按照预算表上的计划购买。如果遇到计划外实在想买的东西，先看看"消费"罐子里还剩下多少零花钱，再决定要不要购买。预算表可以帮助我们准确记录每月的收支，做到心中有数，以免出现乱花钱的情况。

　　如何制作一张实用的消费预算表呢？我们来说说两个小例子：

　　1. 本月放在"消费"罐子里的零花钱一共有100元。这个月你想要花10元钱买零食，花50元买新款玩具。那你还剩下多少零花钱，可以用来跟朋友们出去看电影或去游乐场呢？

　　2. 你想买一个150元的漂亮新书包，可是每个月放在"消费"罐子里的零花钱只有100元，还不够买书包，你准备攒钱。下个月你计划不买玩具，只花10元买零食，花40元买游乐场门票，那到下个月月底，"消费"罐子里会剩多少零花钱？如果你接下来的几个月都不买玩具，想要攒到150元买新书包，需要

消费事项	本月资金：100元	目标存储：无	所需金额
	买零食	10元	
	买玩具	50元	
	看电影	?	
	去游乐场	?	

本月结余：<u>0元</u>

消费事项	本月资金：100元	目标存储：150元	所需金额
	买零食	10元	
	买玩具	0元	
	看电影	0元	
	去游乐场	40元	

本月结余：<u>50元</u>

试着做做你的计划吧！

本月资金：＿＿＿＿　　　目标存储：＿＿＿＿

消费事项

所需金额

本月结余：＿＿＿＿

花多长时间呢？

你瞧，一张小小的预算表，可以帮你回答许多问题，对零花钱进行有效的管理，成为金钱的主人。也许，到了每个月的月末，你也会像冬冬姨小时候一样，养成与自我对话的习惯。默默回顾过去的一个月，你会欣喜地发现，按照预算表上的计划，聪明地花掉"消费"罐子里的零花钱，愉快而没有愧疚感地买到了自己喜爱的东西，这是不是一件值得自豪的事呢？

学会制订计划，养成自我对话的习惯，确保计划顺利执行，及时调整自己的行为，是成为时间和财富的主人的必备条件。然而，在我们前行的过程中，几乎很难不受外界因素的干扰。他人的行为和外界信息的影响，会使我们内心产生动摇，甚至会改变我们原先设定的计划和轨道。

在学校里，你是否看到有些同学在炫耀新买的名牌球鞋或是最新款的电脑？你羡慕吗？如果毛毛拥有更多的零花钱，你会感到沮丧，跟妈妈抱怨零花钱不够吗？如果你曾有过这样的情绪，也不必过于担心，因为这是"攀比"的心理在作祟。多年前，我读过一篇登载于《中国青年报》的调查报告，竟然有超过90%的受访者直言："当前的青少年普遍爱攀比。"

你或许会惊讶，其实攀比心不仅仅孩子有，在我们成人的世界也屡见不鲜。有些大人会跟别人比，自己买的名牌包是不是昂贵的限量款；自己的工资是不是比别人多；自己的学历是不是比别人高；自己的父母是不是比别人的父母更有社会地位；自己的伴侣是不是比别人的更加出色。正如孩子们在校园内进行的角逐和比较一样，大人们也会随波逐流地在成人世界里，进行着一场场毫无意义的没有硝烟的"战争"。攀比的毒液一旦渗入，便会让你寝食难安，迫使你花费更多的时间和金钱去获取外在的光鲜，得来的也许是别人嫉妒的目光和虚伪的友情。个中滋味，冬冬姨真心希望你不要去亲尝。

随着网络科技的发展，我们似乎每时每刻都会看到别人光鲜的生活，不管是明星，还是生活在另一片大陆上的陌生人，都可能成为我们攀比、效仿的对象。在我成长的过程中，尚且感受到攀比的压力。我想，你以后要以更强大的内心，才能战胜攀比这只"小恶魔"，获得真正的自信和内心的平和。

请记住：我们每个人都是独一无二的"限量版"，生来拥有属于自己的一串"金钥匙"，只要你足够坚持，沿着自己选择的道路，热忱、勤恳地走下去，便极有可能打开财富和幸福的大门，实现自己的人生价值。时光荏苒，那些炫耀的、攀比的、令人感到嫉妒的外皮终会褪去。届时，你希望留下的是什么呢？

时常与自己进行对话吧，也许你会在内心深处寻到答案！

对你满怀期待的冬冬姨

你可能常听到这个词

财政预算

这是我们常在新闻报道里听到的一个词语,我们作为个人支配自己的财产都需要计划,那么一个国家更需要做周密的计划与安排。财政预算是更加复杂和严谨的过程,现代财政预算制度最早出现于英国,是政府活动计划的一个反映,它体现了政府及其财政活动的范围、政府在特定时期所要实现的政策目标和政策手段。预算是对未来一定时期内收支安排的预测、计划。它有三个基本环节:组织收入、拨付支出、预算调整与平衡。

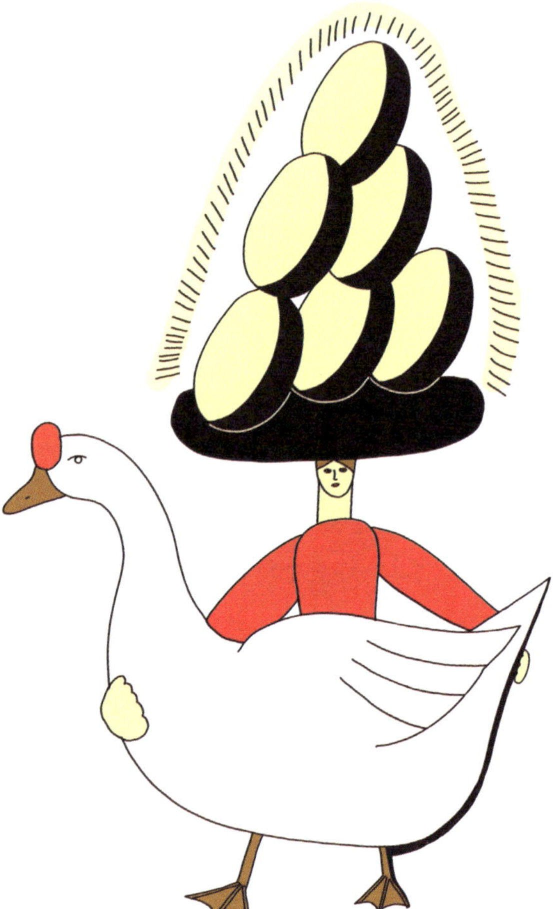

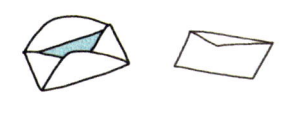

第七封信

财富的积累
需要细水长流

球球:

　　你妈妈最近告诉我,你听完《犹太妈妈的四个罐子》这个小故事后,便立刻跟妈妈要来了胶水、彩纸、画笔,自己动手制作、装饰了属于自己的四个罐子。每次从爸爸妈妈那儿得到零花钱,竟然自觉主动地分成四份,认真地投入"储蓄""投资""消费""分享"四个罐子里,一丝不苟地执行着我们约定好的零花钱分配计划。这真让我欣喜万分。

　　做手工是你的长项。无论是手绘的盲盒、花鸟图案的折扇,还是你在卧室墙壁上随心创作的"壁画",都让人眼前一亮。浓烈色彩的碰撞,精巧独特的造型,以及别出心裁的设计,在你的手工作品中随处可见。我还没见过球球版本的四个罐子,但我想它们一定是一个个精致可爱的小小艺术品。也许,你可以把四个罐子带进学校,分享犹太人的故事给好朋友们听,让他们也学会如何成为金钱的主人。现今的小学课程里并没有系统的财商教育,所以需要你们从生活中获取有关财富和金钱的知识。如果你能将自己得到的知识积极分享给同学们,也是件了不起的事!

上封信我们讲了你最喜欢的罐子——"消费"罐子。这封信我们来聊聊"投资"和"储蓄"这两个罐子吧。首先,给你讲个小故事。故事的名字叫《生金蛋的鹅》,是从古希腊的《伊索寓言》中流传下来的,我觉得特别有趣。

故事里有个贫穷的农夫,他住在一个简陋的农舍里。一天,他早上起床,走进养鹅的小房子,发现了一枚金灿灿的鹅蛋。他简直不敢相信自己的眼睛,捧着金蛋去给村子里的金匠瞧。结果,金匠告诉他,这确实是一颗纯金的鹅蛋。农夫欣喜若狂,他去集市上卖了金蛋,赚了一笔数量不小的钱,还在家里举行了盛大的庆祝会。第二天一大早,他起身去鹅窝里看,他的鹅竟然又下了一枚金灿灿的蛋。他欢天喜地地捧着金蛋去卖,又卖了个好价钱。从此以后，他的鹅每天都会生出一枚金蛋。他也每天把金蛋带到集市上去卖。没过多久，他就成为一个十分富有的人。

慢慢地，农夫变得越来越贪心了，他心想：为什么我的鹅每天只能下一颗蛋呢？嘿嘿，如果我把鹅的肚子剖开，岂不是能把它肚子里的金蛋都掏出来？于是，他冲进鹅窝，把鹅杀死了。可等他划开鹅的肚子，里面空空如也，竟然一枚金蛋都没有。从那以后，农夫再也得不到金蛋了。

听完这个故事，我猜你一定不想成为那个愚蠢、贪婪的农夫，因为过度索取而彻底失去了每天收获一枚金蛋的机会。如果我们对待自己的钱，只是过度消费，不懂得节约、储蓄，又跟故事里的农夫有什么两样呢？

清代学者翟灏在《通俗编·地理》中引用《遗教经》："汝等常勤精进，譬如小水常流，则能穿石。"意思是说像小溪流一样源源不断地流淌，最终可以击穿石头。成语细水长流由此而来。这生动地体现了我们中国自古以来崇尚的积少成多、生生不息的智慧。财富的积累也需要坚持不懈、积少成多，如细细的流水般持续流淌。

因此，我们不仅要会花钱，还要学会存钱。存进"储蓄"罐子里的钱就如同我们饲养的一只大白鹅，它可以给我们创造更多的财富。小孩的"储蓄"罐子，有金猪形状的，有金牛形状的。那么大人的罐子长什么样呢？罐子里的钱装满后，大人会把罐子砸碎，取出里面所有的钱吗？当然不会。因为，大人们有一只巨大的"储蓄"罐子，叫作银行。

等你长大后，也会跟银行打交道。银行是一个有存款功能的金融机构。在历史上，一般认为最早的银行出现在意大利的威尼斯。后来，德国、英国等欧洲其他国家也相继设立了银行。在纸币还没出现前，人们就会把金属货币存到银行里。银行会给存钱的人一张纸，这张纸叫"凭证"，证明你确实把钱存入银行了。以后你只要拿着这张凭证，就可以取出自己的钱。

人们为什么要把钱存到银行里呢？除了出于安全的考虑，还有一个重要原因是他们把钱存到银行里，就能让钱"生"出更多的钱，好像大白鹅生出金蛋一样。那部分"生"出来的钱就叫作利息。你可以把利息看作银行奖励给我们的钱，比如说我们在银行里存入100块钱，1年以后把钱从银行里取出来，银行为了鼓励我们多多存钱，就会给我们105块钱，那多出的5块钱就是利息。一般来说，我们在银行存钱的数目越大，存的时间越长，收到的利息就越多。是不是很神奇？那你会问多出来的钱从哪里来呢？

除了存款，银行还有另外一项重要的功能——贷款。什么是贷款呢？贷款是指银行把我们存进去的钱暂时借给一些需要钱的人或企业，并收取利息。如果他们没有按时把借的钱归还给银行，就会受到惩罚。

你瞧，银行就是这么一个奇妙的大储蓄罐。我们把暂时不用的钱存进去，到时间取出来，可以从银行获得利息；银行把我们存进去的钱暂时借给有需要的人，并收取利息。金钱在银行的运作下，就这样在不同人之间流动着，既帮助有需要的人纾解困境，又帮助储蓄的人获得"金蛋"，最终像滚雪球一样，为经济注入源源不断的活力。

我们常听人说，最近利率升了或降了，有没有产生过这样的疑问：到底是谁在控制利率的高低呢？其实，这是一个挺复杂的问题。利率的走势并不是某个拥有超能力的人，动动手指就可以操控的，而是由于多种经济因素和政策决策的综合作用，而产生的结果。

首先，各国的中央银行（如中国人民银行）是调控利率的主要机构。中央银行就像是大银行的"管理者"，它可以通过货币政策工具，如调整基准利率、公开市场操作和存款准备金率等来影响市场利率，以达到控制通货膨胀（也就是物价上涨）、促进经济增长和稳定金融市场的目标。

其次，市场供需关系也在影响利率。当经济很好，人们和企业都需要更多的钱来投资和消费，借钱的需求就会上升，利率也会提高。反之，当经济不太好，大家借钱的需求减少，利率就会降低。通胀预期也是一个关键因素。如果人们预期未来物价会上涨，他们会希望现在借钱并投资，以避免未来更高的成本。这样，借钱的需求增加，利率也会上升。

政府的财政政策也会对利率产生影响。当政府增加支出或者减少税收时（经济学上称扩张性财政政策），它可能需要借更多的钱来支付这些费用，这样就会推高利率。而如果政府减少支出或者增加税收，借钱的需求减少，利率可能会下降。

此外，国际上的经济变化和重大事件，比如其他国家的经济状况、战争或者自然灾害，也会影响利率。因为这些事件会影响到国际资本的流动，进而影响到国内的资金供需关系和利率水平。

总结来说，利率的波动是由中央银行的政策、市场上的供求关系、通胀预期、政府的财政政策以及国际经济环境等多种因素共同作用的结果。理解这些因素有助于我们更好地掌握经济变化，也能帮助你将来做出更好的金融决策。

球球，考考你，大人们存进银行里的钱该如何取出来呢？我猜你一定会捋捋脑门上蓬乱的刘海，得意地说："这个问题还不简单？当然是用银行卡了。"

的确，我们存进银行里的钱虽然看不到、摸不着，但一张小小的银行卡可以让我们随身携带存在银行里的财富。有了银行工作人员给你办理的、专属于你的银行卡，你就可以用自动取款机（ATM机）取钱了。你只需要在自动取款机里插入你的银行卡，并输入密码，根据屏幕上的提示操作就可以了。要记住，在你用自动取款机取钱的时候，要用一只手遮住另一只输入密码的手。这样可以防止坏人偷看我们的密码，取走我们账户上的钱。

不过，随着现代科技的发展，许多人已经不再依赖银行卡了。微信、支付宝、网上银行已悄然走入我们的生活。这些现代支付方式便捷了我们的生活，同时也为我们坚持每天只取一枚金蛋增添了难度。

还记得吗？在你小的时候，爸爸给你买过一个过家家的冰激凌商店模型玩具，里面还有一个粉色的自动取款机呢。你自导自演，嘴里念念有词，一会儿是商店售货员，一会儿是买冰激凌的顾客。那时，你还不懂什么是银行和银行卡。我惊讶地发现每次你的小手触到玩具自动取款机，眼神中都充满一种庄重、严肃的神色，仿佛在仔细思考到底要从这个粉色箱子里取出多少钱合适。

小小的你在过家家时便能感受到货币的分量，大人们又何尝不是如此？即便到现在，我依然觉得把银行卡插入取款机，看着簇新的纸币随着"唰唰"声从窄窄的取款口中有序而出，是件不容小觑的事。我总会掂量着取款的数量和"金蛋"账户的余额。然而，这份认真和细致在使用现代支付设备时却大打折扣。尽管我很想让银行里的"金蛋"账户慢慢长大，却抑制不住想要购买喜欢的东西。毕竟，只要出示微信付款码，"嘀"的一声后，想要的东西就会属于我们，谁能抵挡住这份诱惑呢？

球球，等你长大以后，也许银行已经发生了翻天覆地的变化，从你的"金蛋"账户里取钱可能更加容易。如何避免像故事里的愚蠢农夫，因为自己的贪婪，杀掉了原本可以为自己生出金蛋的鹅呢？或许，你可以试试一个外国小朋友鼓励自己存钱的独特方法。那就是自己动手制作一本"梦想相册"。

取一张白纸，在上面写下你最想要实现的8到10个梦想，然后选出3个在合理的时间内有可能实现的梦想。接着，去报纸上、杂志上或者互联网上搜集和你的梦想有关的美丽图片。将图片打印出来，并用胶水或胶带，将这些图片分开贴入一本空白相簿（笔记本）里。用醒目的彩笔在每一页的开头写上"我在快乐地为实现_____而存钱"；而在每一页的底部，需要提醒自己"实现这个梦想需要花（多少钱）_____"。将制作好的

"梦想相册"摆放在家中显眼的位置。这样,你每次忍不住想花钱买新玩具的时候,看一看梦想相册,就会想起自己为了实现梦想而存钱的决心了,所以就会更坚定地守住银行里会下金蛋的大白鹅啦!

好了球球,现在你已经知道了银行这个大储蓄罐的神奇之处,学会了如何通过制作你专属的"梦想相册",鼓励自己坚持养一只会下金蛋的鹅,从而使财富可以细水长流、绵延不绝。其实,财富如此,学识的积累亦是如此。

近来,偶然听你妈妈说起一件有关你学习的趣事。

一天晚上,你跟妈妈同坐在桌子前学习。当时,你正闷闷不乐地写练习题,忽而读到书中一句话,禁不住仰天哀叹:"妈妈啊,都说阅读改变命运,可我怎么觉得阅读始终改变不了我的命运呢?"

面对你由衷的感慨,妈妈惊诧地问:"改变你的什么命运?"

你放下书,一字一顿地说:"改变我天天写作业的命运啊!"

刚上小学的你,对人生竟发出如此"灵魂拷问",不禁让人感到哭笑不得。爬过了学习的山,又要游学习的海。日日学习,天天练习,似乎只是在重复枯燥乏味的生活,到底有什么意义呢?这个问题,也曾困扰过我。

不过,后来我读到日本著名企业家稻盛和夫先生的一句话,便觉得豁然开朗了。"所谓人生，归根到底，就是一瞬间、一瞬间持续的积累，如此而已。"这是他自己70多年来拥有幸福人生和成功事业的经验总结。

罗马不是一天建成的。古往今来，那些成就了非凡事业的人之所以能拥有波澜壮阔的人生，只不过是踩着坚定、枯燥的步子，一小步、一小步地往理想的高峰不断攀登而已。在他们执着地、持续地、认真地努力后，幸运之神在未知的一刻就会悄然光顾。将不可能变为可能，将梦想变为现实，而他们也在这股持续不断的力量中获得非凡的品格和莫大的幸福。

我们每个人都是平凡的，却也蕴藏着成就非凡的无限潜能。想要在短短的一生中过得幸福、富足，实现自己的人生价值，要有长远的规划，更需要脚踏实地、孜孜不倦、持之以恒的态度。

养一只会下金蛋的鹅，耕一片能结智慧之果的沃土吧。你的人生会因此丰盈绚烂。

爱你的冬冬姨

你可能常听到这个词

本金、利息、利率、复利

本金是在计算利息之前的原始金额。

利息是货币在一定时期内的使用费。

利率通常以一年期利息与本金的百分比计算。

复利是指在计算利息时，某一计息周期的利息是由本金加上先前周期所积累利息总额来计算的计息方式，也即通常所说的"利滚利"。

这里有一个公式：最终收益=本金×（1+利率）^计息周期，不妨来算算，今年你10岁，你将1万元压岁钱存入银行，当利率为4%时，到你上大学时能取出多少钱呢？

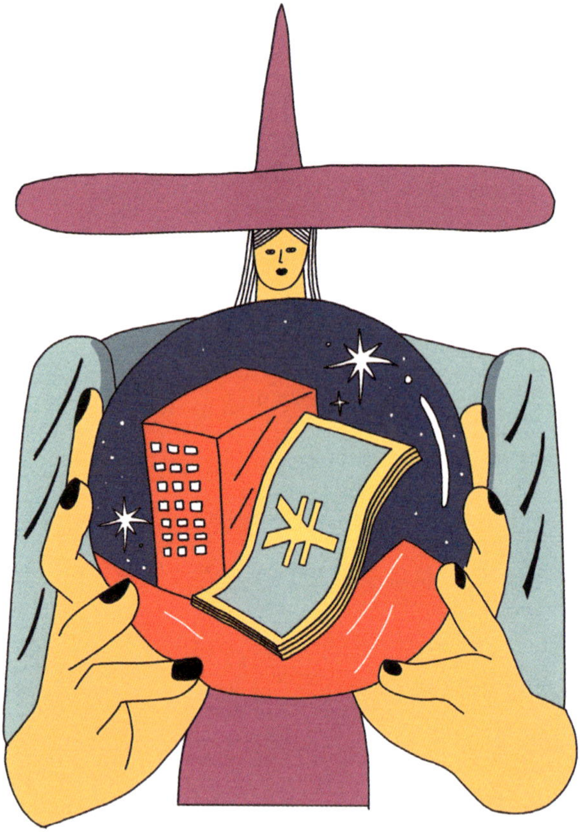

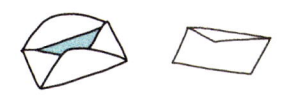

第八封信

越美好的地方，去路就越危险

球球：

前几日我们一起去吃一家老北京涮羊肉，你兴高采烈地要了好几盘羊肉。等铜锅中的汤底翻腾跳跃起来时，我俩争先恐后地把鲜美的羊肉、丸子、绿油油的蔬菜放进锅里。瞬间，食材的香气随着逐渐上升的热气从锅中溢出、飘浮、发散，唤醒了我们的每一个味蕾。十几秒后，我们把涮好的羊肉用筷子捞出来，蘸着咸香的酱料，咬一口嘎嘣脆的糖蒜，真是人间美味！眨眼的工夫，羊肉都进了我们的肚子，额头上也冒出惬意的汗珠。我俩手牵手，摸着圆滚滚的肚子，心满意足地在皎洁的月色中往家走。

我们聊起动画片和魔法，我想起自己小时候因为偷偷看关于魔法少女的动画片，被妈妈教训的经历。我小时候和你一样特别迷恋动画故事，动画片里的歌我都会唱，台词我都能背下来。在看动画片这件事上，咱俩可没什么代沟。

我小时候还拿着木头做的魔法棒，在家中念着"咒语"挥舞，同时编织出各种飞舞、晕倒、战斗的情节，和现在的你一样对魔法有着无尽的向往和痴迷。

跟你说件有意思的事情：不仅你想拥有魔法，毛毛也迷恋魔法。他很小的时候，曾经认真地对奶奶说："我想住大别墅，但听爸爸说挺贵。我在想，为什么没有一种魔法可以让房子像种子一样长大呢？这样，我就可以把现在的家像种子一样种进泥土里。然后长呀长呀，最后长成一座漂亮的大别墅！"

听到毛毛的这个愿望，我忍俊不禁。几乎每个孩子都对魔法产生憧憬，而他们想用魔法实现的愿望却各不相同。尽管对于世界上可能存在的其他魔法我不甚了解，但毛毛哥梦寐以求的"财富魔法"，我们却很有可能获得哦。还记得我们之前说过的财富的四个罐子吗？其中，"财富魔法"就藏在"投资"那个罐子里。

什么是投资呢？简单来说，就是我们把钱放进一个东西里，然后帮助这个东西长大。这样，在未来某一天，我们不但可以拿回放进去的钱，还可以得到这个东西成长变大产生的回报。因而，只要掌握了正确的方法，我们的财富真的可以像种子一样美妙地发芽、生长、结果。

而财富魔法的关键，在于"复利"的力量。

20世纪伟大的科学家爱因斯坦曾说："复利是世界第八大奇迹。"著名的投资家，股神巴菲特的好伙伴查理·芒格也对复利赞誉有加。他说："理解复利的威力和获得的难度，是理解很多东西的核心和灵魂。"

如此神奇的复利到底是什么？它又是如何运作的呢？我们一起来算算吧，假设你在"投资"的罐子里投放了100块钱的零花钱，每年给你带来的回报率是10%。那么一年后，你不仅可以拿到放进去的100块钱，还可以获得另外10块钱的回报，也就是$100×10\%=10$。100块钱涨到了110块钱，这让你很高兴吧！

这下，问题出现了。你是取走罐子里的110块钱，还是把钱继续放在罐子里呢？神奇的"投资"罐子承诺，如果你把钱继续放在里面，第二年会再给你创造10%的回报率。于是，你决定不把钱取走，而是让它接着增加。

第二年过去了，算一算，你的钱增多了，还是减少了？自然是增多了。到第二年年底，你不仅可以取回第一年的110块钱，还可以得到第二年的回报，就是110×10%=11，总计121块钱了。"投资"罐子竟然变成"魔法盒"了。

对比两年的回报，你有没有发现什么不同？为什么第一年你得到了"魔法盒"给你的10块钱回报，第二年却获得了11块钱的回报呢？这正是复利的神奇之处。只要你不把钱取出来，那么每年得到的回报都会增加，因为用来计算回报的本金每年都在增长。这就如同滚雪球，随着时间的拉长，复利的力量可以使你的财富像雪球一样越滚越大，从一粒种子长成参天大树。

球球，你会不会感到很好奇，那个神秘的"魔法盒"里到底有什么"魔咒"？为什么我们放进去的钱会增多呢？这是个较复杂的问题，因为不同的人会根据自己的实际情况，选择不同的"魔咒"放进自己的财富"魔法盒"里，最终得到的结果也各不相同。放进去的"魔咒"并不总是会让钱增多的，有时也会像爱丽丝喝的缩小药水一样，使之减少。

经济学家们喜欢把"魔法盒"里的"魔咒"统称为"投资工具"。

投资工具，就是让钱发生变化的手段和方法。最直接的一个例子是爸爸妈妈买了一套房子，几年以后，房子涨价了，你们的房子变得更值钱了。间接地，爸爸妈妈投资买房的钱也随

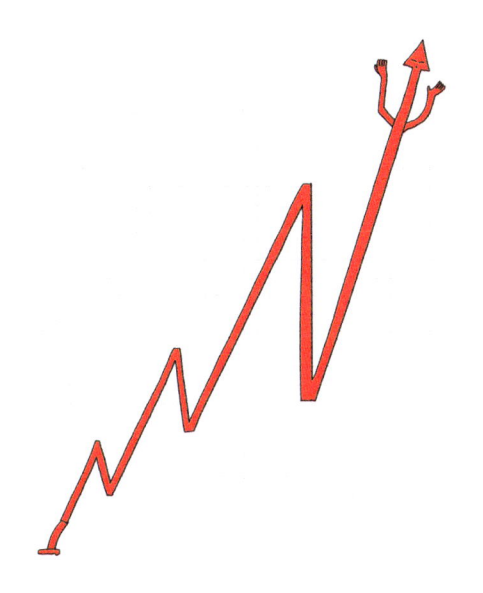

之增值。对爸爸妈妈而言，房子就是他们放进"魔法盒"里的投资工具。不过，新房子虽然涨价了，爸爸妈妈却没办法把增加的那部分钱拿出来使用，因为房子是用来住的，不可以拆分卖掉。

有没有比投资房子更方便、更灵活的方法呢？当然有咯。大人们在茶余饭后常常谈论的股票，就是一种流通性较强的投资工具。

想知道股票是什么吗？我们先了解一下股票诞生的历史吧。

世界上第一只真正意义上的股票，是在17世纪初，由荷兰东印度公司发行的。当时，随着航海事业的繁荣，荷兰和亚洲之间进行着大量的贸易。建立东印度公司的目的是派遣商船前往亚洲,通过交易换回当时欧洲稀缺的货物,如瓷器、香料等,这些物品在当时的欧洲可以卖到很高的价钱。但是,没有人可以单独承担远航交易的巨资,所以人们想到了通过发行股票筹集所需的资金。

股票到底是怎么回事呢?简单来说,拥有了某公司股票的人,就获得了那家公司的部分所有权。比如,你跟好朋友打算在校外的巷子里开一家牛肉汉堡店。你们每人各自投资2000块钱,用于采购汉堡餐车和制作汉堡包的原材料。可是,你们发现4000块钱还不够,开设一家汉堡店最少需要5000块钱。这下,你们就犯了难,剩下的1000块钱从哪里来?

这时,你灵机一动,想到毛毛有不少零花钱,可以找他借。毛毛是个一毛不拔的"铁公鸡"。平时大人们给他的零花钱,他分文不动,通通存进自己的储蓄罐里。所以,他已经存下了一笔不小的财富,完全可以借给你们1000块钱。

于是,你兴冲冲地拨通毛毛的电话。毛毛是个机灵鬼,他怎么会无缘无故借钱给你呢?他跟你讲条件,如果他借你1000块钱,你要付给他高额的利息。你听后,很不高兴,气呼呼地准备挂电话。毛毛见状,思忖片刻后说:"如果你不想付利息,那就把你的汉堡店分一部分给我吧。"

到底如何分？你跟毛毛共同商讨出一个办法：将汉堡店的启动金分为100等份，用100张一模一样的卡片代表，每张卡片代表50块钱，总共5000块钱，恰好是开汉堡店需要的费用。因为毛毛投资了1000块钱，所以，你把其中的20张卡片给毛毛，剩下的80张，你跟好朋友一人拥有40张。在经济学的世界里，那100张卡片就是公司发行的100股的股票。当毛毛在汉堡店投资了1000块钱，他就得到了20股股票，成为汉堡店的股东，占有汉堡店20%的股份，可以按照股份比例分享汉堡店挣来的钱。如果汉堡店把净利润变成股利支付，那么毛毛就可以获得20%的股利，也叫红利。这样，"铁公鸡"毛毛就在投资汉堡店的过程中，获得了收益。

你瞧，毛毛完全没有参与做汉堡、卖汉堡的劳动，却享受了卖汉堡的成果，分享汉堡店的利润，获得红利，这正是股票投资神奇的地方之一。你可能觉得投资股票简直轻而易举。不过，股票投资却有很大的风险性。你有没有想过，假如你的汉堡店经营不善，甚至倒闭了，毛毛不但收不到红利，连投资进去的1000块钱可能都会消失得无影无踪。

人们因为在不当的时机购买股票，最终倾家荡产的事时有发生。其中，最著名的事件之一就是20世纪90年代末在美国发生的"互联网泡沫"。当我们吹泡泡的时候，最害怕什么？你一定会说:"害怕把泡泡吹破呀。"没错,买股票的人也害怕泡泡破掉。所以,"泡沫"是一种对股票价格过高,随时有破灭风险的形象比喻。

20世纪90年代末,出现了许多互联网科技公司。他们发行股票,吸引了一大批投资人,筹集了巨额资金。据资料统计,在1995年到2000年这段时间,好几家大型科技公司股票价格增长了5倍之多。一时间,人们觉得可以通过买股票这种投资方式,挣大量的钱,获得丰厚回报。不少人失去理智,把银行里的存款都拿出来,投资买股票。然而,悲剧很快发生了。从2000年到2002年,科技公司的股票价格突然整体急剧下跌。短短两年间,即便像英特尔这样著名的跨国公司股票价格也损失了80%以上。千亿美元的财富瞬间蒸发。当年满怀热情投资股票的人中,不少都成了一无所有的穷光蛋,只能流落街头,靠政府的救济过活。

由此可见,购买股票是一件风险极高的事,必须要谨慎行事,掌握时机。

我们知道,把钱存入银行后,可以用银行卡把钱取出来;把钱投入房子,可以将房子出售,获得现金。购买股票也是一样的道理。既然可以买股票,自然可以卖股票。如果你能在适当的时机购买股票和出售股票,那在这一买一卖间,你的钱可能就会神奇地增长哦。

我们来接着说说汉堡店的故事吧。假如毛毛投资了1000块钱，购买了汉堡店发行的20股股票，成为股东。几个月后，他看中了一款酷炫的玩具赛车，所以决定把投资的1000块钱拿回来。这时，毛毛的哥哥牛牛对他说："你把手里的20股股票卖给我吧。我给你2000块钱。"

咦？这可真奇怪。毛毛明明只投资了1000块钱，为什么牛牛愿意花2000块钱买他手里的股票呢？

这就是股票第二个神奇的地方。随着公司不断发展壮大，业绩大幅提升，发展前景一片广阔，股票的价格可能会迅速上涨。有时候价格甚至会翻上几倍甚至几十倍呢！牛牛愿意花更高的价钱买毛毛手里的股票，因为他相信汉堡店潜力无限，将来会扩大经营，增长利润，那20股的股票以后也许会变得更值钱呢。还记得我们之前说过的供给和需求理论吗？当大家觉得股票所代表的公司发展迅猛，未来前景一片光明时，就会争相购买该公司的股票，导致需求上升，从而推动了股票价格的上升；反之，如果大家觉得股票所代表的公司经营不善，负债过多，或存在着很大的潜在问题，大家就会争相抛售该公司的股票，导致需求急速下降，从而迫使股票价格下跌。这就是股票投资的"财富魔法"，股票价格有涨有跌，并不停产生新的投资机遇。

17世纪初,阿姆斯特丹证券交易所在荷兰阿姆斯特丹诞生,成为世界上第一个股票交易所。顾名思义,股票交易所就是买卖股票的地方。当一家公司的规模和利润达到一定程度,公司就可以挑选一个合适的时间"上市",也就是获得批准在证券交易所挂牌,面向全社会出售股票。在股票交易所,我们几乎可以购买任何上市公司的股票,不管是你喜爱的麦当劳汉堡,还是令人流连忘返的迪士尼乐园,你都可以通过购买股票的方式,成为它们的一名股东,享有公司部分所有权。你瞧,一张小小的股票,虽然你看不见、摸不到,背后却有着一个个鲜活的故事和富有创意的产品等待你去发现、探索。

最后,我想再和你分享一个"魔法":期货合同,这是一种在未来某个时间点交付某种商品或金融工具的协议,属于一种金融衍生品。它可能听起来有些复杂,但我们可以用一个简单的例子来解释。

假设你想买一只限量版的无毛猫,这只小猫在6个月以后才会生出来。你非常渴望得到小猫,想在它出生的时候买到,但你担心到时候有其他人跟你抢,导致价格上涨。所以,你和猫的主人做了个约定:猫主人同意在6个月后以现在的价格把猫卖给你,而你也同意在6个月后买这只猫。这个约定就类似于一个期货合同。你们提前商定好价格和交易的时间，这样不管到时候市场价格如何变化，你们的交易价格都不会改变。

在真实的经济世界中，期货合同通常用于买卖大宗商品，比如小麦、石油或黄金，或者金融工具，如股票指数。我们再用一个小麦的例子来解释期货合同：假设有一个农民，他担心今年的小麦价格会在收获季节大幅下降，影响他的收入。与此同时，有一个面包商担心小麦价格会上涨，增加他的生产成本。为了确保他们的利益，农民和面包商决定签订一个期货合同——

· 农民：同意在3个月后以每吨1000元的价格卖出100吨小麦。

· 面包厂：同意在3个月后以每吨1000元的价格买入100吨小麦。

那么无论3个月后小麦的市场价格是高于还是低于每吨1000元，农民和面包商都必须按照合同约定的价格进行交易。在这里，就有一定的不确定性，到底谁能得到更多实惠，要3个月之后才知晓。

听到这里，你或许觉得期货的约定有些太冒险，万一其中一方会反悔呢？不用担心，期货合同通常在期货市场上进行交易。期货市场是一个专门的交易场所，人们可以在这里买卖期货合同。期货合同通常是标准化的，这意味着合同的条款，如交易的数量、质量、交货日期等，都由交易所规定。期货市场使买卖双方能够方便地找到交易对手，并且有明确的规则和监管，确保交易的公平和安全。

　　球球，在这封信里，我们简要讲了房产投资和股票投资，其实投资工具的种类可多着呢。在你成长的过程中，可能不经意间就会接触到债券、基金、期货、黄金等投资工具，使你应接不暇。这些拗口的金融名词可不是什么吓人的大怪兽。只要仔细研究，聪明地做出选择，将你最喜爱的投资工具放入"魔法盒"里，也许你的财富种子就会在财富魔法的催化下，长成参天大树！

　　美国传奇投资家瑞·达利欧的著作《原则》中有这样一句话：为了拥有美好的生活，你必须穿越一片危险的丛林。正如动画片里的小魔法师必须经过重重危险的考验，才能成长、蜕变成伟大的魔法师一样，成为财富魔法师的道路也是困难重重、荆棘密布。

　　球球，你是想安全留在原地，过普通的生活，还是想冒险穿过丛林，过崭新且无法预料的生活呢？期待你在长大后，告诉我答案。

　　　　　　　　　　　　　　热爱魔法更尊重现实的冬冬姨

你可能常听到这个词

创始人、合伙人、投资人

创始人也称作创办人,是指事件、企业的发起者。

合伙人是指投资组成合伙企业,参与合伙经营的组织和个人。

投资人是指投入现金购买某种资产以期望获取利益或利润的自然人和法人。

也许你总能听到这些"人",他们都是推动一个企业创办与发展的力量。

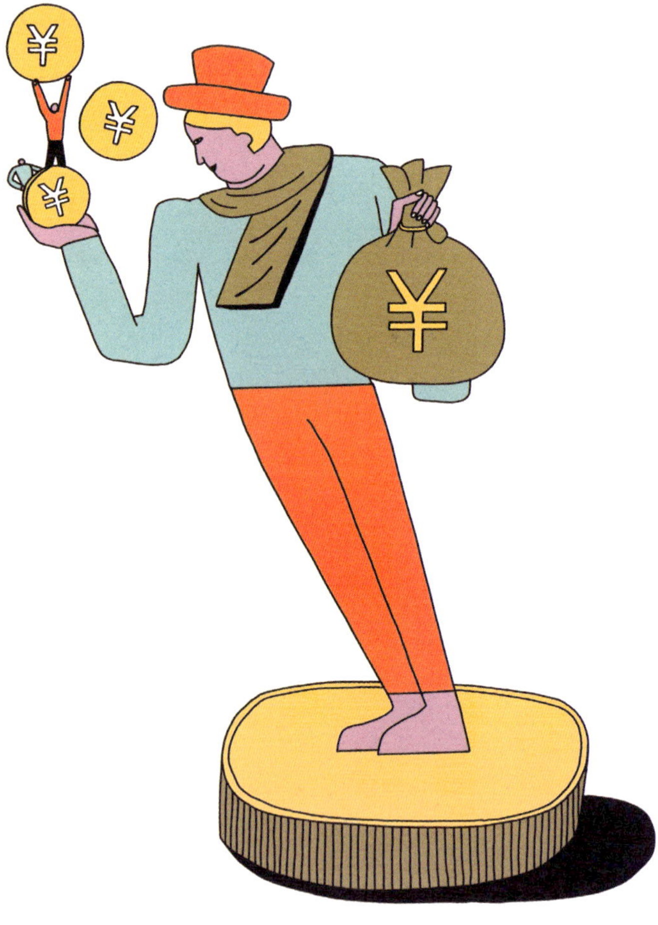

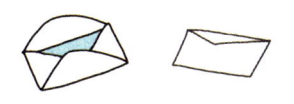

第九封信

乐于给予的人走得更远

球球:

还记得今年四月份,春光明媚之时,我们全家在植物园赏花、拍照吗?跟你一同前往的是年纪相仿的表妹米米。你们两个小姑娘将柔软轻盈的头发披在肩上,身上穿着带花边的小裙子。一个在我左边,一个在我右边。我牵着你俩的小手,在清澈的蓝天下心无挂碍地逛着。

你突然发现前方的树下有松果,于是拉着米米的手冲往一棵粗壮的古树,像小松鼠似的刨开表层的浮土,迅速开启了"松果挖掘模式"。

我仍自顾自欣赏一团团奶白、一簇簇粉红的灌木和花朵，从湖的一边走到另一边。等我逛完半个园子，走回到你们挖松果的地方，竟发现你们已经收获颇丰。两人手里都托着整整一捧松果，裙子的小口袋鼓鼓囊囊，想必也是塞满了劳动的果实。因为兴奋，你们的小脸红扑扑的，头发也四下飞散，黑黑的眼睛却出奇地亮。

但后来你俩因为分松果的事，谁也不让谁，最后都哭了鼻子。其实，你和米米的不愉快并不罕见，即使在大人之间，分享也是一件不易的事哦。大多数人计算的往往只是自身的得失而已。

还记得我们在上几封信里谈到的犹太妈妈的四个罐子吗？我们已经讲了消费、储蓄和投资三个罐子，而第四个罐子"分享"恰恰是寓意深刻，对人的影响最为深远的。为什么学会分享和给予如此重要？冬冬姨给你讲一个真实发生过的故事吧。

故事发生在阳光明媚的美国西海岸一个叫作硅谷的地方。世界上许多了不起的高科技公司都诞生在那里。可以说，硅谷是电子工业和计算机业的王国。

在上一封信中，我们已经领略了投资的神奇魔法。其中，购买一家公司的股票，获得公司的部分所有权，成为股东，从而获得红利和股票价格上涨带来的收益，是钱生钱很重要的一个方法。住在硅谷的财富探险家们对这种投资方法极为推崇且非常熟知，所以他们总是在不断地寻找刚刚成立的公司，对它们进行投资，换得公司部分所有股权，希望日后等公司发展壮大，他们投入的钱可以像发芽的种子一样越长越高，最后成为一棵参天大树。而这些投资刚刚成立的公司，往往要承担巨大的风险和应对无法预料的挑战，所以在经济学里，我们把这些投资初创公司的人称为"风险投资家"。

一家优秀的公司就如同一栋漂亮的房子，很多人都渴望住进去。所以，每当硅谷出现一家这样的公司，风险投资家们就会像采花的蜜蜂一般争相飞去，希望可以在这块甜蜜大蛋糕里分得一块。

面对竞争如此激烈的局面，几乎所有的风险投资家都把自身利益放在第一位，他们深深明白信息不对称的道理，利用自己的人脉和关系获取别人得不到的内部信息和交易秘密，从而在他人发现"宝矿"前做到先人一步，率先发现和锁定最优秀的初创公司，然后像巧舌如簧的销售员一样，说服公司的创业家们接受他们的投资，以便在以后获得巨额的回报。

然而，有一个叫大卫·霍尼克的风险投资家却不认为分享和给予是愚蠢的。他做了两件让整个硅谷都感到震惊的事。而正是这些与众不同的行为和处事态度，使他成为硅谷里最受人尊敬的和最成功的风险投资家之一。

猜猜他到底做了什么？

他做的第一件事是开博客，公开分享投资的秘密。一直以来，风险投资就像一扇紧闭的大门，只有掌握重要信息和财富的人才有资格进入。但是，霍尼克却打破了这个规则。他在博客中真诚地跟创业者们分享投资的心得和经验，并积极帮助创业者们用有效的方法介绍自己的公司和产品，从而提高创业公司获得投资的概率。硅谷其他的投资人都觉得霍尼克疯了，竟然如此无私地分享最宝贵的信息和资源。这样机密岂不是会被别人偷走吗？霍尼克却毫不在意地说："我最关心的并不是如何保住自己的地位和优势，而是渴望全心全意帮助创业家们实现梦想，创造价值。如果我必须为此付出代价，那我也甘之如饴。"

他做的第二件事更是让硅谷的投资者们觉得不可思议。在2007年，霍尼克组织了一场年度盛会，叫作"大堂"，邀请了硅谷有梦想的创业家们齐聚一堂，分享自己对前沿科技的见解。同时，他还自己拿出约40万美元，为大家安排场地和茶点，力求创造一个美好的交流环境。霍尼克的朋友对他说："老兄，你疯了吗？为什么邀请风险投资家参加'大堂'会议？你多年来辛苦积攒的资源和人脉，就这样免费分享给竞争者了？你就不怕他们抢在你之前找到有迅猛发展潜力的公司，对其进行投资，得到股份，然后赚得盆满钵满吗？"霍尼克笑着回答："我想尽自己所能为大家创造一个环境和一种自由分享知识的体验，这样每个人都会从中获益，而不仅仅是我而已。"更有趣的是，当一些和霍尼克有竞争关系的风险投资人参加完"大堂"活动，感到受益匪浅，于是也组织了他们自己的类似活动，却没有邀请霍尼克参加。面对如此自私的行径，霍尼克只是一笑了之，

继续无私地分享自己的知识和人脉。

正当许多竞争者都在看霍尼克这个"傻瓜"笑话的时候,他却赢得了硅谷无数创业者的尊敬。他们为霍尼克真诚分享的精神所感动,纷纷邀请他投资自己创立的公司。在一位风险投资人的职业生涯里,如果能够成功投资半数想要投资的公司,就可以算是很大的成功了。霍尼克曾向28家创业公司抛出橄榄枝,提出想要投资的愿望。其中,25家公司接受了他的投资,也就是接近90%的成功率。为什么创业者们都愿意跟他做朋友,接受他的投资呢?因为他们深深折服于霍尼克的无私、真诚和专业知识,乐于和他一起携手实现梦想。霍尼克从未想要从自己的博客或者"大堂"活动中索取什么。但是,正是由于他善用分享的艺术并怀着一颗利他之心,才为自己赢得了美好的声誉,也让自己的财富种子成长为一棵棵参天大树。

这个故事是我从美国沃顿商学院的教授亚当·格兰特写的《沃顿商学院最受欢迎的成功课》中读到的。他也是我在沃顿商学院读书时,教我管理学的教授。在他的书里,我们大多数人被划分为三类:付出者、获取者和互利者。付出者指的是乐于分享、不求回报的人;获取者指的是只谋求自身利益、吝啬分享的人;互利者则讲求公平,愿意等价交换可预期的好处,力争不让自己吃亏。在工作和生活中,哪一类人最成功,获得最多的财富，拥有最多的朋友呢？格兰特通过10年潜心收集数据和案例，得出让不少人感到吃惊的结论：从长远来看，付出者比获取者和互利者更容易成功。

一位远在大洋彼岸的西方学者，竟用数据和真实的案例验证了中国那些口口相传的老话：好心有好报；吃亏是福；赠人玫瑰，手有余香。"分享"，这一美好的品质，跨越了时间、空间，冲破了文化的壁垒，凝聚成人类集体智慧的精华，散发着永恒的魅力，着实令人震撼和感动。

你听说过钢铁大亨安德鲁·卡内基吗？他曾是世界上最富有的人。冬冬姨的母校卡内基梅隆大学就是由他创办的。1835年他出生于苏格兰一个贫穷的工人家庭。1848年，卡内基全家移民到美国寻求更好的生活。卡内基从小就非常勤奋，早年在一家棉纺厂做童工，后来在电报公司工作。在这些艰苦的工作中，卡内基学到了很多东西，并逐渐积累了自己的第一桶金。

进入钢铁行业后，他凭借着自己的智慧和勇气，建立了卡内基钢铁公司。他不断改进生产工艺和管理方法，使得钢铁生产效率大幅提高，成本大幅下降。最终，他的公司成为了美国最大的钢铁企业之一，他本人也成为了当时世界上最富有的人之一。

尽管卡内基积累了巨额财富，但他深信财富是一种责任，他认为富人有责任将他们的财富用于帮助别人。1899年，他在《财富的福音》中写道："一个人如果在死亡时仍然拥有大量财富，那他的一生就是失败的。"他认为，富人应该在有生之年把财富捐献出去，用于公共利益。

卡内基一生捐赠了约3.5亿美元，覆盖了许多领域，包括教育、科学研究和公共图书馆。他资助了约3000所图书馆的建设，让无数人有机会接受教育和自我提升，这在当时的美国社会尤其重要，因为很多人并没有上学的机会。通过他的资助，许多科学研究得以进行，推动了社会的进步。因此他被誉为"现代慈善事业之父"，他的理念和实践也激励了无数后来的富人和企业家们投身慈善事业。

近来，我还听说一件有趣的事。也讲来给你听一听。疫情暴发期间，不少企业都慷慨解囊，帮助抗击疫情。其中，一家仅在河南新乡开店的超市，居然捐助了五千万巨款，排在了捐款榜单的前列。这家超市叫作"胖东来"，当地人亲昵地称之为"胖胖"。疫情期间，许多商场和超市都因客流量急剧减少被迫倒闭，唯独"胖东来"门外排起上百米长队，这是为什么呢？

"胖东来"独特的魅力其实从他们的标语——爱在胖东来，就可见一斑。"胖东来"的大爱体现在诸多方面，其中最为人所津津乐道的便是公司对待顾客和员工真诚、无私的态度。

疫情暴发后，一些地方蔬菜价格急剧上涨。然而，胖东来超市宣布：在疫情期间所有蔬菜按进价销售，绝不趁机加价。除此以外，"胖东来"还为顾客提供极致细微、周到的服务。免费充电宝、免费电话亭、老人用的放大镜、去冰柜里取货品的手套，甚至连烹饪一道菜的步骤卡片都为顾客准备到位。

对待自己的员工，"胖东来"的董事长于东来先生也是关怀备至、毫不吝啬。为了让员工得到休息，"胖东来"每周二关店停业。他禁止员工晚上6点之后加班，违反者甚至还会被罚款。不仅如此，他还慷慨地同员工分享财富。据报道，于东来把公司很大一部分股份都分给员工，自己只保留了10%的股份。在公司分红的时候，几乎每个员工都可以获得丰厚的奖励。也许，这就是为什么"胖东来"的员工都是满怀激情和梦想地在工作吧。

球球，你看，无论在东方还是西方，乐于给予的人通常能走得更高、更远。

我曾经听一位心理学家讲过，当我们和别人分享自己的东西，而不是从别人那里拿来东西的时候，我们大脑里产生快乐因子的部分会被点亮，我们也会因此感到很快乐。所以啊，分享让我们更快乐。而真正的快乐难道不是比金钱、地位更为珍贵的东西吗？

正如著名的黑人民权运动领袖马丁·路德·金先生所说："每个人都必须决定他是在创造性的利他主义的光芒中行走,还是在破坏性的自私的黑暗中行走。"一味地替自己着想,吝啬与他人分享,就如同在阴郁的黑暗中独行。

打开你的心扉,让阳光和快乐走进去吧!你会惊异于"分享"这门艺术给你带来的更广阔的天地。

与你共勉的冬冬姨

你可能常听到这个词

慈善事业

是指在政府的倡导或帮助、扶持下,由民间的团体和个人自愿组织与开展活动的,对社会中遇到灾难或不幸的人,不求回报地实施救助的一种无私的支持与奉献的事业。你在学校里为灾区捐款捐物,就是在支持慈善事业。

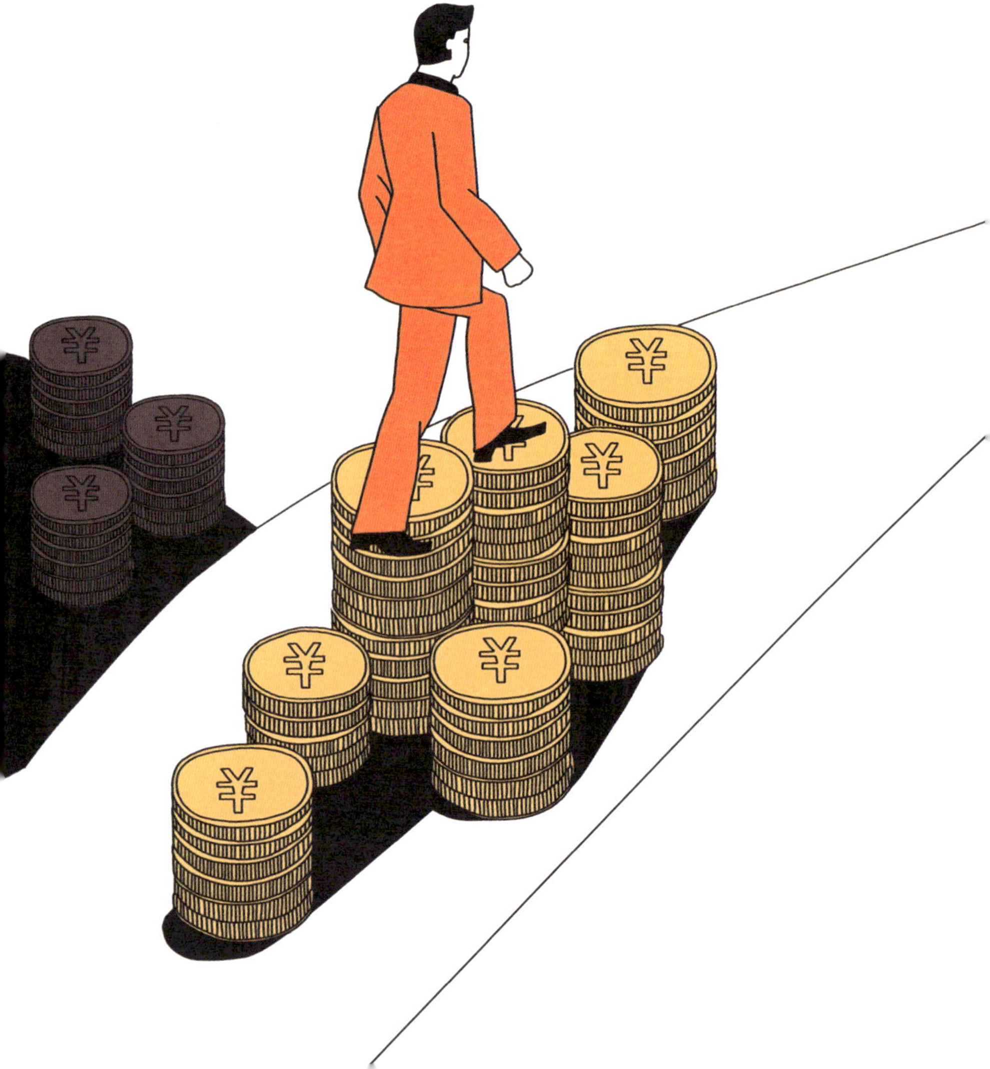

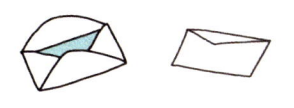

第十封信

财富要取之有"道"

球球:

近日喜闻你在班级里被同学们选为班长。我满怀骄傲地去你家,找你吃饭庆贺。

晚餐后,我们手牵手,在被鹅黄色路灯点亮的夜色中,绕着迷宫似的胡同散步。还记得咱俩的对话吗?

"球球,班长是同学推选你的吗?"

"对啊。"

"那老师怎么说?"

"老师也同意呗,鼓励我当好班长。"

"那你当班长,都干些什么呢?管班级纪律?"

"不管啊,班级纪律有纪律委员呢。"

"嗯,那你帮老师收作业本吗?"

"当然不收咯。收作业本的有小组长,然后由课代表再把作业本送给老师。"

"值日打扫教室呢,你管吗?"

"不用我管。我们班有卫生班委管。"

"那你这个班长到底管什么呢?"

"我主要负责处理班级里同学们之间的纠纷啊。我们班有四个班长,我是处理纠纷的班长。"

"老师为什么派你处理同学们之间的纠纷呢?"我不禁追问你。

你思忖了一会儿,然后仰起小脸认认真真地回答:"老师说我诚实守信,值得信赖,在同学们中间有些威信。我猜这就是为什么让我当班长,处理同学们之间的矛盾吧。"

听完你的话,我心中感到有些意外。小小的你在一年级就有如此深刻的领悟,恐怕是多少成年人都望尘莫及的。我甚至很自豪你得到班长的职位不是因为成绩优异或者和老师关系融洽,而是靠自己闪光的品质赢得了大家的尊重。

球球，你会不会感到好奇，为什么冬冬姨如此欣赏你的诚实守信？我先给你讲个小故事吧。

这个故事的主人公是中国清朝的商人胡雪岩。红顶商人胡雪岩经营了一家钱庄，也就是我们今天所说的银行。钱庄开业不久，驻杭州绿营的千总罗尚德就存入1.2万两银子，却既不要利息，又不要凭证。

这1.2万两银子是罗尚德经过13年的辛苦奋斗，省吃俭用存下的。他接到了与太平军打仗的命令，因为没有亲戚替他保管银子，只好拿到胡雪岩的钱庄储存。一是因为他相信钱庄的信誉，他的同乡刘二就经常在他面前说起胡雪岩，而且一提起就赞不绝口。二是因为自己就要上战场打仗，不便把凭证带在身上。知道这个情况后，胡雪岩决定：照3年定期存银利息算。3年之后来取银子，可以得到本金和利息一共1.5万两银子。

然而，罗尚德不幸阵亡战场。临死前，他委托两位同乡将自己在钱庄的存银取出来，转回老家还债。两位老乡手里没有任何凭证，本以为会遇到钱庄的刁难，甚至害怕这笔存银会被钱庄赖掉，取不出来了。没想到钱庄证实了他们确实是罗尚德的同乡身份之后，马上就为他们办理了手续，不仅还给了这笔存银，而且还照算了利息。

令人意想不到的是钱庄在照付了罗尚德的存银后，引来大批客户前来存银。原来，罗尚德的两位同乡回到军营后，跟别人说了他们成功取出银子的经历。钱庄的声誉一下子在军营中飞一般地传开了。许多官兵都心甘情愿地把自己的积蓄长期存到胡雪岩的钱庄里。胡雪岩的钱庄，生意越来越红火了。

你看，成功离不开诚实守信。做人如此，积累财富更是如此。财富要取之有"道"，其中最为精妙和重要的"道"便是诚信之道。一个在商业活动中没有诚信的人，只会让顾客对他失去信任，生意是很难做红火的；反之，一个遵守承诺的人，会得到顾客的信任，从而源源不断地获得财富，建立起经久不衰的企业品牌和声誉。

球球，也许你长大后，不一定像冬冬姨选择在商界创业。但是，我们每个人都是社会经济的一部分。近几年，我常看到报纸、新闻上报道，二十出头的年轻人因为没有在小时候得到正确的经济和法律教育，最终债台高筑或锒铛入狱，让人深感痛心。有些道理，在你现在的年纪，我就希望你可以慢慢懂得、领会。比如：依法纳税人人有责，偷税漏税损人害己。

作为经济活动中的一分子，如不能依法纳税，谈何诚信？因而，我想着重讲讲纳税，这是与我们每个人都息息相关的"诚信考验"。

你也许听爸爸妈妈说过，他们的工资和收入的一部分都要作为税收，上缴给国家。不仅如此，爸爸买从国外进口的汽车，妈妈买从国外进口的化妆品，在大多数情况下，都是需要交税的。税收历来是国家财政收入的主要来源。不但在中国要交税，在外国也要交税。在西方一些国家，税收收入所占国家财政收入的比重可能会达到90%以上。

渐渐地，有些人开始存私心了，他们想："我挣的钱为什么要上缴那么多给国家呢？如果我偷偷隐瞒自己的实际收入，就能少交税甚至不交税了。这样，我不是就可以把这一部分钱据为己有？"于是，这些抱着侥幸心理的人被贪婪的念头诱导着，走上了偷税、漏税的违法道路。

通过偷税、漏税而积累起来的财富是极其不光彩的，并且一经查实，会对人的一生都造成不可消除的负面影响。为什么依法纳税的意义如此重大？开动你的小脑筋，让我们试着想象一下，一个没有税收的国度里会发生些什么呢？我们来一起编个小故事。

在太平洋的深处，有一座与世隔绝的小岛，叫格瑞芬斯。这座小岛就是一个国家，由世代承袭的国王或女王来管理。不过，格瑞芬斯岛跟一般的国家可不同。岛上几乎没有公路，更别说是机场了。岛上也没有什么像样的建筑，居民们大多住在自己搭建的土屋或者草房子里。

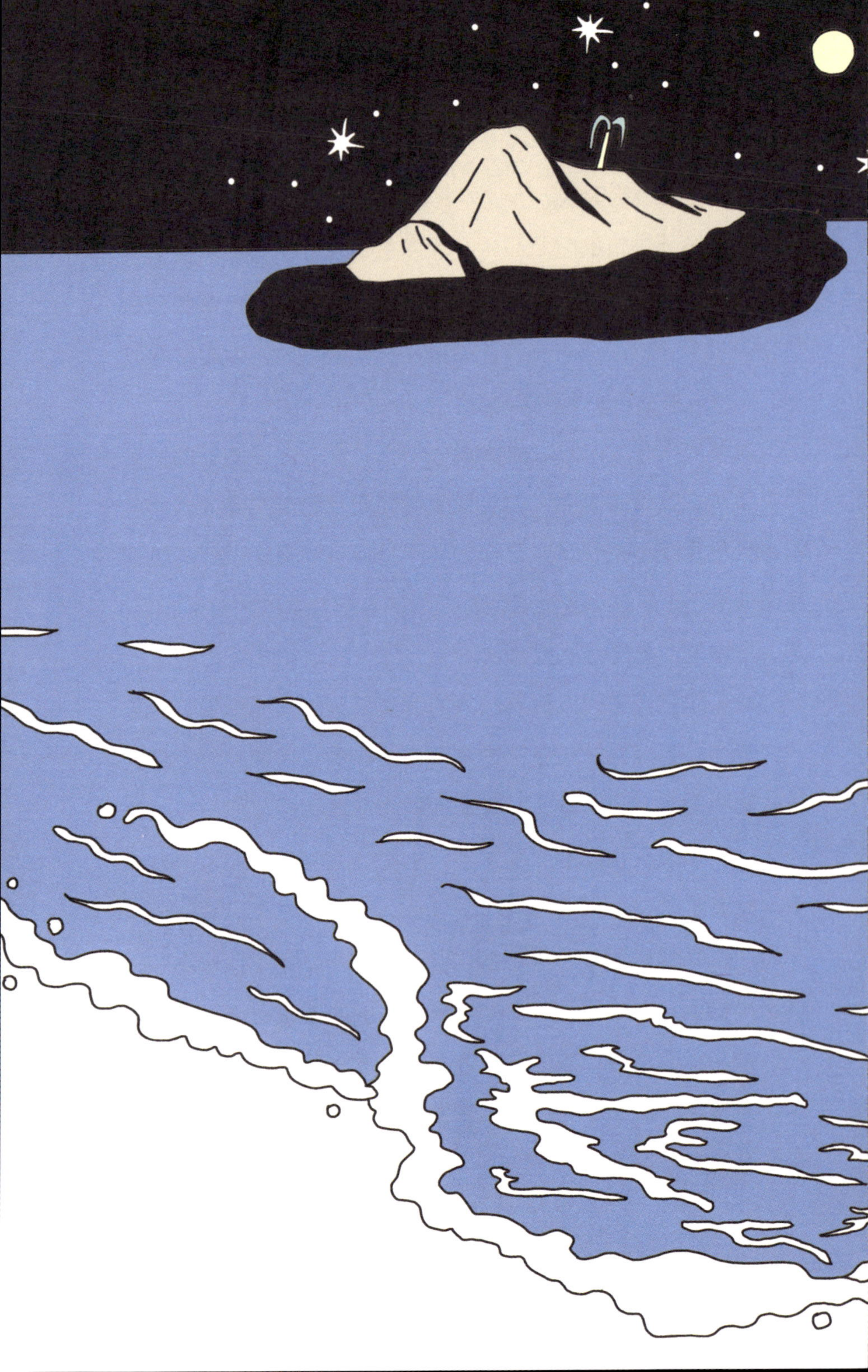

不过，岛上却住着一位真心关爱自己臣民的年轻国王。他崇尚节俭，觉得国库里不需要有臣民上缴税收。所以就决定废除他父亲向岛上的居民征收赋税的制度，希望可以减轻他们的生活压力。

那岛上的居民从此就很幸福地生活下去了吗？答案可没那么简单。

免除税收的第一年，国王号召大家一起铺一条让车辆和马匹可以通行的公路。然而，因为失去了税收，国库空虚，国王没有能力运用政府的力量兴建公路，只得用鼓励倡议的方式，动员居民们自发修建。一开始，大家积极性很高，都扛着工具去修路。但渐渐地，就有人提出了异议："我们家没有车，马匹也很少，根本没有机会使用这条路。我认为，应该由需要使用这条路的人来负责建造。"不少人听后，连连点头称是。于是，一部分人就退出了修路。

等路修建到一半，车辆马匹开始顺畅通行，原来声称不会使用这条路的居民也开始在这条路上面通行，享受这条路带来的便捷和舒适。这样可惹火了真正出钱出力建造这条路的居民，但他们也没办法整天管着别人不使用这条路啊。所以，他们就一起商量："我们也别傻乎乎地为别人铺路了。"所以，这条路修建了一半，就没有人再去管了。

更可怕的是，废除税收后，政府失去了统一调度的能力。警察局瓦解了，岛上的强盗开始猖獗，每个居民只能通过自己的力量来独立保护家人和财产。久而久之，路不拾遗、夜不闭户的格瑞芬斯岛成了强盗的天堂。这一切都让年轻的国王感到痛苦和不解。他实在想不通，自己本来是希望通过废除税收，使岛上的居民过得更加地轻松富裕，但为什么产生了截然相反的效果呢？

经济学家的解释是：消防局、警察局、军队、高速公路等这些"公共产品"，都是政府运用税收的力量设立的。如果政府没有税收，无法统一调度资源投入各种公共产品，那么依照人类自私自利的本性，这些公共产品都无法建成，最终也没有人会享受到好处。

想要辨别一个物品是不是公共产品，首先要了解公共产品的两大重要属性：非排他性和非竞争性。

想一想，如果你去一家冰激凌店，不想花钱买冰激凌，那就只能看花钱买了冰激凌的人吃冰激凌，你自己是吃不到的。所以说，那根冰激凌是"排他的"。但是，公路和警察局呢？即使你嘴上说不需要，更不想花钱买，但别人并没有切实可行的方法阻止你使用公路和呼叫警察。因而，它们是"非排他"性质的产品。

非竞争性指的是产品本身不会因为更多人使用而数量变少。再想想看，一块蛋糕，如果被毛毛吃了，你是不是就吃不到了？所以，蛋糕是"竞争性"的。然而一条高速公路，你的爸爸妈妈可以在上面开车通行，别的小朋友的爸爸妈妈的车也可以在上面行驶啊，公路并不会因为别人的行驶而减少。由此可见，公路是"非竞争性"的。"非排他性"和"非竞争性"是这些产品最重要的两大属性。在经济学中，拥有这两大属性的产品被经济学家归类为"公共产品"。

所以球球，我们应学会像经济学家一样看待、思考生活中的问题。格瑞芬斯岛的国王正是因为不懂得像经济学家一样思考问题，才会好心办坏事。公共产品的这两大属性就决定了创造公共产品的过程，必须通过政府和各类制度来帮忙完成。如果只是依靠公民个人的力量，那就会出现许多不想付出、只想从公共产品中捞取好处的人。在经济学里，这类占便宜的人的行为也有一个有趣的名字哦，叫作"搭便车"。

现在，你知道为什么格瑞芬斯岛的国王实行免税政策后，产生了事与愿违的后果吧。这正是由人们"搭便车"导致的。岛上懒惰的居民想要"搭便车"，坐享其成。这样久而久之，那些真正付出金钱和劳动的人感到很生气，也不想再创造公共产品了。所以，格瑞芬斯岛才会变得越来越落后，越来越危险，岛上居民的生活才变得越来越艰难。

美国著名经济学家蒂莫西·泰勒曾说:"缴税是用强迫的方式克服搭便车问题。"我深表赞同。依法纳税是一件光荣而意义重大的事,是每个公民应尽的责任和义务,是我们生活的交响乐能够和谐演奏的基石。如果废除税收,或者人人都逃税漏税,那我们赖以生活的家园可能会变成第二个格瑞芬斯岛,每个人都会蒙受巨大的损失。

好了球球,这封信就写到这儿。古人云:"诚信者,天下之结也。"愿你永怀"诚信"这一立身之本,结交四方挚友,用好奇、纯真的目光发掘人生更多的精彩。

满怀期待的冬冬姨

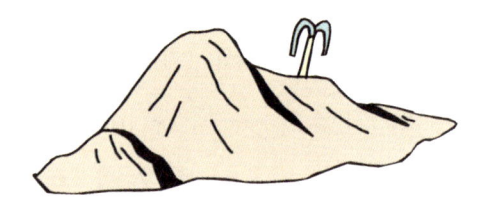

你可能常听到这个词

纳税人

这里的"人"并不仅指"个人"。

个人所得税,纳税人是公民个人或家庭。企业所得税,纳税人是企业单位。所以,更严谨的说法是"课税主体"。

图书在版编目（CIP）数据

富足哲学 : 经济思维决定的生活 / 彭冬儿著.
北京 : 天天出版社, 2025.6. -- (哲社探照灯).
ISBN 978-7-5016-2303-7

Ⅰ.F0-49

中国国家版本馆CIP数据核字第2025Z3Q153号

责任编辑：崔旋子	美术编辑：丁　妮
责任印制：康远超　张　璞	

出版发行：天天出版社有限责任公司
地　址：北京市东城区东中街42号　　　　邮编：100027
市场部：010-64169002

印　刷：北京博海升彩色印刷有限公司	经销：全国新华书店等
开　本：880×1230　1/32	印张：4.25
版　次：2025年6月北京第1版	印次：2025年6月第1次印刷
字　数：77千字	

书　号：978-7-5016-2303-7	定价：46.00元

版权所有·侵权必究
如有印装质量问题,请与本社市场部联系调换。

认识一下本书的作者吧：

彭冬儿，1990年生于江苏盐城。以盐城高考文科第一的成绩被香港中文大学录取，随后获卡内基梅隆大学理科硕士学位、沃顿商学院MBA学位。现在洛杉矶一家手游公司担任首席营销官。2018年开始跨界写作，著有《发光体》、"沃顿女孩小时候"系列等，曾获冰心儿童文学奖。2021年受邀讲授的少儿财商线上课程深受广大家长和孩子们的喜爱。

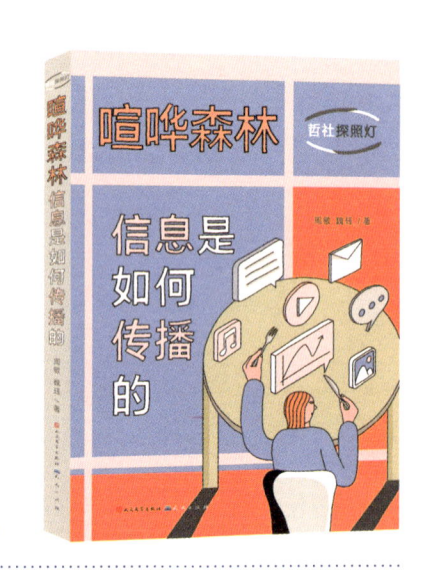

你还可以读：

《喧哗森林：信息是如何传播的》

....

社会科学是关于人生切实经历的科学，本书从生活日常的视角出发，包含大量与青少年日常生活相关的话题：为什么社交软件让人上瘾？为什么广告无处不在？如何看待短视频时代？为什么会有假新闻？如何面对网络暴力？用传播学剖析社会发展规律，为青少年搭建通往当代社会的桥梁，培养合理的媒介使用习惯。